一に人 二に人 三に人

近代日本と「後藤新平山脈」100人

後藤新平研究会＝編

藤原書店

はじめに

後藤新平の会代表幹事　青山　佾

後藤新平は最晩年、ボーイスカウト運動の右腕・三島通陽に「金を残すは下、仕事を残すは中、人を残すは上」と言った。また、後藤は「一に人、二に人、三に人」、この世の中を作っていくのは人であると常に語っていた。また、人材の抜擢にも長けていた。

本書第I部に編まれた後藤新平の「名言・名句」は、伸びざかりだった当時の日本に生きた彼自身が、いかなる時と場にあっても、後進をいかに伸ばしていくかに腐心していたことを示している。

私は一九六七年に都庁に入り、いきなりひと月間の職員研修を受け、地方自治法、地方財政法、地方公務員法そして東京都の職員として必要な実務知識について教育を受けた。大学の法学部法律学科では、民事訴訟法や刑事訴訟法は詳しく教えるが、地方自治法等は教わらなかったので、この新任研修はその後の職員人生にとってまことに役に立った。このシステムは後藤新平が東京市長時代に始めたものであることを後になって知った。後藤新平による教育重視の考え方は今日に至ってもなお現実に生きている。

また本書第Ⅱ部では、後藤新平と関わりが深かった多くの人物を紹介している。後藤新平は人をつくり、人をのこした。また、後藤新平自身も多くの人に育てられている。

少年期からしてそうであった。明治維新戦争が終わり、新政府軍は、激しく抵抗した東北を平定した。平定後、新政府軍は行政機能を担う必要があった。地方の行政機構を構築するにあたり、胆沢《いさわ》県（現在の岩手県水沢）大参事の安場保和は、将来性のある少年後藤を見いだし、雇用した。その後、安場が、部下の阿川光裕にその教育を託したことで、後藤は医学への道が開かれたのである。そして、石黒忠悳《ただのり》、長与専斎、児玉源太郎からも抜擢されるに至った。

後藤新平の人づくりの例としては、台湾民政長官時代に、新渡戸稲造や岡松参太郎らを呼び寄せた。初代満鉄総裁時代は、前代未聞の大シンクタンクとも称すべき満鉄調査部を作り、多方面から人材を発掘し、彼らに活躍の場を与えた。また国内では日本初の都市研究会を組織し、技術者・行政官などをはじめとする多くの人材を輩出した。このことは、後の震災復興にも大いに役立った。さらに教育面においては、通俗大学や少年団にも積極的に関わり、東京放送局（現ＮＨＫ）の初代総裁としても、放送の社会的役割を世に知らしめた。

後藤新平は多彩な人間交流を展開し、明治大正の、とくに危機的状況と格闘した。われわれは今、この後藤新平の活力から学ぶことは多い。

二〇一五年七月

一に人　二に人　三に人

近代日本と「後藤新平山脈」100人

目次

はじめに　後藤新平の会代表幹事　青山佾　1

第Ⅰ部　後藤新平の名言・名句

われ万物の中にあり、万物われの中に存す……16
できないのではなく、やらないからだ……18
本当にむずかしいのは退き時だ……20
「ひらめの目と鯛の目」――生物学の原則……22
青年に望みたいのは、弾力と誠実さ……24
「学俗接近」（一）――京都帝大教授を民間に起用……26
他人と自分をつなぐものは、信義――満鉄職員へ……28
一職工の打つ鎚にも、世界を動かす力がこもっている……30
「御親兵一割の損」……32
我に敵対して我を奮発させる者が、益友だ……34
伊藤公は株式会社だ、山県公は匿名会社だ――人材登用法……36

鉄道院の制服は、公衆を威圧するためのものではない……38
一に人、二に人、三に人——鉄道員としての人づくり……40
一部と全部との関係を忘れるな——専門分立の病……42
自治三訣——人のお世話にならぬよう／人のお世話をするよう／そして酬いを求めぬよう……44
夫は自分の妻の人格に威厳を認めよ……46
人は学問の力を離れては一時も存在できない——「学俗接近」（二）……48
赤大根程度のアカは気にするな——日露協会学校学生に……50
人間には自治の本能がある——文明人の自治……52
「備えよ　つねに」——少年団のモットー……54
学術と実際は、距離がないようにせねばならない——「学俗接近」（三）……56
東洋平和は、世界平和の礎である……58
ラジオを精妙に活用することは、民衆生活の要を握る……60
日本の日本、世界の日本、日本の世界——「政治の倫理化」運動……62
後藤新平の名言・名句（『処世訓』より）……64

第Ⅱ部　「後藤新平山脈」100人

高野長英（一八〇四—一八五〇）……72
勝　海舟（一八二三—一八九九）……74
福沢諭吉（一八三四—一九〇一）……76
安場保和（一八三五—一八九九）……78
井上　馨（一八三五—一九一五）……80
板垣退助（一八三七—一九一九）……82
大倉喜八郎（一八三七—一九二八）……84
山県有朋（一八三八—一九二二）……86
長与専斎（一八三八—一九〇二）……88
安田善次郎（一八三八—一九二一）……90
渋沢栄一（一八四〇—一九三一）……92
土肥樵石（一八四一—一九一五）……94
伊藤博文（一八四一—一九〇九）……96
阿川光裕（一八四五—一九〇六）……98

石黒忠悳（一八四五―一九四一）……100
後藤勝造（一八四八―一九一五）……102
桂　太郎（一八四七―一九一三）……104
浅野総一郎（一八四八―一九三〇）……106
益田　孝（一八四八―一九三八）……108
近藤廉平（一八四八―一九二一）……110
児玉源太郎（一八五二―一九〇六）……112
山本権兵衛（一八五二―一九三三）……114
北里柴三郎（一八五三―一九三一）……116
ココフツォフ（一八五三―一九四三）……118
下田歌子（一八五四―一九三三）……120
星野　錫（一八五四―一九三八）……122
田　健治郎（一八五五―一九三〇）……124
下村当吉（一八五六―一九二九）……126
原　敬（一八五六―一九二一）……128
バルトン（一八五六―一八九九）……130

伊東巳代治（一八五七―一九三四）……132
横井時雄（一八五七―一九二七）……134
高木友枝（一八五八―一九四三）……136
斎藤　實（一八五八―一九三六）……138
尾崎行雄（一八五八―一九五四）……140
新渡戸稲造（一八六二―一九三三）……142
ゾルフ（一八六二―一九三六）……144
岩原謙三（一八六三―一九三六）……146
阪谷芳郎（一八六三―一九四一）……148
徳富蘇峰（一八六三―一九五七）……150
杉山茂丸（一八六四―一九三五）……152
金杉英五郎（一八六五―一九四二）……154
白鳥庫吉（一八六五―一九四二）……156
沢柳政太郎（一八六五―一九二七）……158
モット（一八六五―一九五五）……160
長尾半平（一八六五―一九三六）……162

小泉盗泉（一八六七―一九〇八？）……164
後藤和子（一八六六―一九一八）……166
辜顕栄（一八六六―一九三七）……168
金子直吉（一八六六―一九四四）……170
本多静六（一八六六―一九五二）……172
仲小路 廉（一八六六―一九二四）……174
内藤湖南（一八六六―一九三四）……176
孫文（一八六六―一九二五）……178
内田嘉吉（一八六六―一九三三）……180
飯野吉三郎（一八六七―一九四四）……182
中村是公（一八六七―一九二七）……184
水野錬太郎（一八六八―一九四九）……186
ニコライ二世（一八六八―一九一八）……188
藤原銀次郎（一八六九―一九六〇）……190
山崎亀吉（一八七〇―一九四四）……192
山本悌二郎（一八七〇―一九三七）……194

島安次郎（一八七〇―一九四六）……196
岡松参太郎（一八七一―一九二一）……198
松木幹一郎（一八七二―一九三九）……200
星一（一八七三―一九五一）……202
ビーアド（一八七四―一九四八）……204
森孝三（一八七四―没年未詳）……206
岸一太（一八七五―一九三七）……208
下村宏（一八七五―一九五七）……210
二反長音蔵（一八七五―一九五〇）……212
永田秀次郎（一八七六―一九四三）……214
大谷光瑞（一八七六―一九四八）……216
伊藤長七（一八七七―一九三〇）……218
スターリン（一八七八―一九五三）……220
山田博愛（一八八〇―一九五八）……222
佐野利器（一八八〇―一九五六）……224
太田圓三（一八八一―一九二六）……226

池田　宏（一八八一―一九三九）……228
岩永裕吉（一八八三―一九三九）……230
ヨッフェ（一八八三―一九二七）……232
十河信二（一八八四―一九八一）……234
前田多門（一八八四―一九六二）……236
鶴見祐輔（一八八五―一九七三）……238
大杉　栄（一八八五―一九二三）……240
正力松太郎（一八八五―一九六九）……242
大川周明（一八八六―一九五七）……244
田辺定義（一八八八―二〇〇〇）……246
カラハン（一八八九―一九三七）……248
堤康次郎（一八八九―一九六四）……250
亀井貫一郎（一八九二―一九八七）……252
河﨑きみ（一八九六―一九七一）……254
三島通陽（一八九七―一九六五）……256
椎名悦三郎（一八九八―一九七九）……258

宮本百合子（一八九九―一九五一）…… 260
昭和天皇（一九〇一―一九八九）…… 262
佐野 碩（一九〇五―一九六六）…… 264
橘 善守（一九〇七―一九九七）…… 266
竹内 好（一九一〇―一九七七）…… 268
鶴見和子（一九一八―二〇〇六）…… 270
後藤新平 略年譜（1857–1929）…… 272
編集後記 280
参考文献・写真提供・写真出典 282
五〇音順人名目次 285

一に人　二に人　三に人

近代日本と「後藤新平山脈」100人

第Ｉ部の構成について

一　左頁は後藤新平の名言・名句を主に鶴見祐輔『〈決定版〉正伝　後藤新平』（藤原書店）から抜粋した。他に『処世訓』をはじめとする後藤の著作からも抜粋した。右頁は左頁の言葉の背景について叙述している。

一　『正伝』からの引用については出典を省略した。

一　後藤新平自身の言葉は楷書体に、さらに強調したい箇所は太字の楷書体にした。

一　読者が読みやすいよう、旧漢字・旧仮名遣いは新漢字・新仮名遣いにあらため、適宜〔　〕による編集部注記や句読点、ルビを付した。わかりやすい表現に変えた箇所もある。

第Ⅰ部　後藤新平の名言・名句

われ万物の中にあり、万物われの中に存す

明治十五（一八八二）年四月六日、岐阜において板垣退助刺傷事件が起こった。当時、板垣は自由党総理であって、自由党員は、明治政府に反対して共和制を唱える危険思想の国賊とみなされていた。そのトップたる板垣は、皇室のため、国家のため、生かしておくべからざる危険思想家と思われていた。そのような風潮の中で起こった事件だった。後藤新平は、当時、愛知県病院院長であったが、自由党員の要請により、愛知県令の許可も得ず、官憲の目も顧みず、岐阜に駆け付けて板垣を治療した。この後藤の行動は、法律や慣習・風潮に左右されない、医師として生命問題を最優先する後藤の心中の自然性に従ったものだった。後藤が去った直後、板垣は、「彼の国手は少し毛色の変わりたる人物なり、惜しむらくは、彼をして政治家たらしめざるを……」と述べたという。

（西宮　紘）

能く《よ》法をつくるものは法を破る。法をつくるのも心なり、法を破るのもまた心。爾《なんじ》の中にある自我を拡張せよ、爾の中にある自我を発展せしめよ。最も神聖なる法律は我が心中にあり、それは何ぞや、人々は尊重すべき自然性を有《も》っている、内長性（Endogenous）あることである。教育はその内長性を開発することに外《ほか》ならず、この内長的自然性の本源なる自我は神性である。「**われ万物の中にあり、万物われの中に存す**」。森羅せる万象はこの自我の琴線に触れて鳴らざるは無い。自我は宇宙の一部、宇宙は自我の全体である。心とは自我のまたの名だとも言える。

（『処世訓』）

できないのではなく、やらないからだ

日清戦争帰還兵の検疫のため、臨時陸軍検疫部が設けられ、後藤新平は事務官長として検疫事業の全指揮を任せられた。似島、桜島、彦島三島の整地六万六千余坪、九千余坪に三九一棟の検疫所建設を三カ月間（のち二カ月間に短縮）で完成しなければならなかった。これら大土木建築の指揮を、後藤長官は陸軍工学士・瀧大吉に命じた。また、消毒用大蒸気汽缶十三組の設計・製造・設置の指揮は、衛生局時代の部下であった下村当吉に命じられた。これらの大事業は、いわば不可能を可能にする苛酷な事業であったが、いずれも後藤の叱咤激励下に完遂されたのである。このような不可能を可能にする事業は、成功するにせよ、失敗するにせよ、後藤の生涯の仕事を通じての中心的課題であった。

（西宮　紘）

土木建築学上型破りの急工事を命ぜられた瀧大吉は憤然としてそれを拒絶した。すると後藤は、「君の言う順序のごとくすれば、**素人の俺でもでかす。君が工学士でいながらできぬというのは、君がやらぬからだ**」と命じた。

また昼夜兼行で行われた大蒸気消毒缶の設計・製造・設置について、下村当吉は、睡眠不足で疲れ果て、もうこれ以上は人間わざではできませんと言うと、後藤は、「**そんなら人間以上の力を出せ……**」と怒鳴ったのであった。

本当にむずかしいのは退き時だ

台湾時代の後藤は常に辞表を懐にしていたようである。児玉総督もいわゆる「厦門（アモイ）事件」で辞表を書いている。北清事変（義和団の乱）に乗じて台湾対岸の福建厦門へ軍隊を出動させた直後、突然本国の内閣が山県有朋から伊藤博文に交代して、出兵中止を命ぜられたのである。児玉ほどの大物になると政府が引止めても収まらない。ついに後藤が自分も辞表を懐にして台湾から東京へ上京し、明治天皇に拝謁し児玉に思いとどまらせる言葉をいただいた。後藤に限らず明治人は（つまり江戸時代生まれの日本人は）、かなり喧嘩早いというのか、わりと簡単に辞表を書く印象がある。まだ日本が農村共同体の時代で、いつでも故郷に帰って充電できたことも背景にあるのだろうか。後藤の言う「最悪の場合」というのは、「相馬事件」で入獄し、衛生局長の椅子を棒に振った経験が頭にあるのだろう。「牢屋に入ったことがある」というのは後藤の勲章でもあり、出処進退の境界線でもあったと思われる。

（春山明哲）

〔後藤〕は命懸けで台湾に乗り込んできたのである。そうして彼は、意見容れられずんば、何時にても冠を挂けて帰東せん〔官を辞そう〕と覚悟していたのである。

それを〔後藤伯〕自身が、次のごとく語っている。

「その時分は役人が免職になって帰るときに、三月経たない者には帰る旅費をくれなかったものです。それでオレも覚悟をして行ったんだから、いつ免職になってもいいように、机の抽斗《ひきだし》にはいつも旅費として三百両入れておいたものだ。それを妻が見てね、あの金はどうするんだと言うから、あれはオレが免職になった時に使う金だ、と言って、それだけは使わずにおいたのであった。」

これは終生一貫した伯の処世態度であった。伯は常に近親者に語って、

「人間は仕事を始めるときには、いつも最悪の場合を考えておかなくてはいけない。戦にしても、進むのは易しい。**本当にむずかしいのは退き時だ。**」

といっていた。

「ひらめの目と鯛の目」――生物学の原則

この「ひらめの目と鯛の目」のたとえ話は、後藤の人間観を良く表している。しかし、後藤新平の「思想」というものを考えはじめると、なかなか単純にはいかない。後藤の若いころの内務省衛生局時代の著作に『国家衛生原理』というものがある。後年のことになるが、後藤が台湾統治を振り返って、その考え方の重要な部分がこの書にあると言う。「植民と人生の深遠な関係」である。それは、英国の医師にして統計学者のファル博士の著作『生命統計学』であり、「人口の経済的価値」を論じた箇所なのである。後藤はまた衛生局技師として出張して長野・新潟などの衛生状況を視察した際、その調査方法としてその地方の風俗・習慣を古老に聞く、などということを早くも行なっている。「慣習を重んずる」という「生物学の原則」は、考究していくと「深遠な」というべきか、後藤という人間の理解の重要なキーワードである。

（春山明哲）

ね、**ひらめの目を鯛の目にすることはできんよ。**鯛の目はちゃんと頭の両側についている。ひらめの目は頭の一方についている。それがおかしいからといって、鯛の目のように両方につけ替えることはできない。ひらめの目が一方に二つ付いているのは、生物学上その必要があって付いているのだ。それをすべて目は頭の両方に付けなければいかんといったって、そうはいかんのだ。政治にもこれが大切だ。

社会の習慣とか制度とかいうものは、みな相当の理由があって、永い間の必要から生まれてきているものだ。その理由を弁《わきま》えずにむやみに未開国に文明国の文化と制度とを実施しようとするのは、文明の逆政〔さかさまのやり方〕というものだ。そういうことをしてはいかん。

だからわが輩は、台湾を統治するときに、まずこの島の旧慣制度をよく科学的に調査して、その民情に応ずるように政治をしたのだ。これを理解せんで、日本内地の法制をいきなり台湾に輸入実施しようとする奴らは、ひらめの目をいきなり鯛の目に取り替えようとする奴らで、本当の政治ということのわからん奴らだ。

青年に望みたいのは、弾力と誠実さ

ロシアから東清鉄道南部線を引き継いで一九〇六（明治三十九）年に創立された満鉄は、株式会社であるが、満洲の民政百般にかかわる中心機関としての役割を担うもの――新総裁に就任した後藤新平は、重責を感じていた。総裁に推されても逡巡していたが、関東都督府内の軍部による干渉を制約する担保が得られたので就任を受諾するに至った。新総裁が満鉄首脳陣にどんな人物を起用するかは日本全国の注目の的。「奇闢《きびゃく》独創」をもってなる後藤による人選は世間の意表をついた。「満洲は午前八時の人間でやるのだ」と揚言して、過去に功成ったものの名前倒れの人物を起用せず、未完成の若手の人材を集めた。「名高《だ》かの骨高《だ》かは駄目だ」とは後藤の口癖だった。

副総裁に台湾総督府財務局長の中村是公、営業担当理事に三井物産から田中信次郎、犬塚信太郎、鉄道担当に国沢新兵衛、法務担当に京都帝大教授・岡松参太郎といった人事。抜擢された彼らの多くは三十代であり、壮年期に近いが、青年の客気《かっき》を有する人士たちで、空名によらず、縁故情実によらず、真に意気と気力を有する人物の起用であった。

（市川元夫）

「世に処する道として、**青年に**何としても**望みたいのは**、**弾力**のあることである。それと一片とはいえ、消えることない**誠実さ**を持っているならば、人生の浮沈に対して真の忍耐力が出てくるものだ。」

「弾力とはElasticityの事だ。伸び縮みの自在自由にできるゴムのようなもので、縮むべき時には縮み、伸びるべき時には伸び得る活力である。今日は王侯貴紳のように行っていても、明日貧困におちいれば、それに安んじる事のできる力性である。」

「弾力を養成するには、誠実をもって徐々に鍛錬を積んでいくより外に仕方はない。」

（『処世訓』）

「学俗接近」(一)――京都帝大教授を民間に起用

満鉄経営の首脳陣を構成するに当たって、後藤新平総裁は京都帝大教授岡松参太郎を法務担当に抜擢した。在官(帝大教授)のまま、岡松を一株式会社社員とすることについて、文部省、京都帝大と後藤との間に紛糾が生じた。後藤は主張する。「満洲鉄道事業は、清国領土内にあって経営されるもの」で、その展開は会社営利の面からのみならず、国際間から注目される。そして、「将来清国官民に対する法律上、権利や義務の交渉が……複雑多岐になる」ことは必定。だからこそ、清国の法や掟の問題を調査し、精通している岡松を起用するのだと。

後藤は続けて言う。いわゆる法学の学校教育においては、要するに成理定論の講義学習にすぎない。岡松博士にこれを担当させても、国家の法学的知識の供給としては、その成果の盛衰に大きな差が生じるわけでもない。今日、国内の大学に新興の勢いが伸張している時に、文部当局が一学者の進止によって大学教育の軽重が問われるなどとするのは、時論の傾向と相容れないと。後藤の意図は、単に大学を罵倒することにあったのではなく、真意は彼のいわゆる「学俗接近」にあったことは明らかであった。(市川元夫)

私の志望は、大学の講義を単なる空論に走らせる弊を除き、**学俗近接の**持論を**実施**しようとするところにあるから、某博士に植民地の民事や商事の活動を実験させ、それを講義の資に供し、これを講堂に移して、国家に有用な後進の者たちを教え導くのに、大々的な成功を期そうとするのである。ところが、某博士を商事会社である南満洲鉄道会社の理事にするのは、学者の体面を汚すものと論じ、その理事である以上は、大学に教授として講座を与えるのは、大学の体面にかかわるとして排斥し、かえってその学識ある講義そのものを、大学の門外に排し去ろうとする京都大学の意図はどこに存するのか。

他人と自分をつなぐものは、信義――満鉄職員へ

後藤新平は、満鉄経営に当たって、ロシア、清国との意志疎通に意を用いるとともに、鉄道路線が短いとはいえ、世界商業の大動脈中の枢要部を占めていることを自覚して推進されるべきと考えていた。首脳陣に少壮気鋭の人物を抜擢して、国家的大事業としての満鉄経営に生気を吹き込んだ後藤は、全社員に生気溌剌として奮闘するように願って、総裁就任後まもなく要旨次のように訓示した。

――この大事業を成し遂げようと決心するにあたり、何か頼りにするあてでもあるのかと問われれば、私は直ちに、会社員である諸君の心と力であると答えるであろう。事の成否はただ人のあるなしにかかっていると信じているからである。諸君は、上は重役の地位にある者から下は日給を受ける者にいたるまで、……うるわしい家族的親しみをもって互いに結集し、私たちに全心全力の補助を与えてくれるならば、この重大な責任を全うすることができるだろう。

互いに尊敬と友愛をもって交わり、各々分限を守って職務に励むならば、いささかの誤解や疑惑の生じるいわれはない。

（市川元夫）

新時代の人々が理想とするのは、人々の相互信愛にもとづく共同団体が道徳にかなって行動することである。自分も他人もともに尊厳をもっていることを認めて、互いに敬愛し合う団体は、それ自体、自覚する人格として確実に行動する。このようにしてこそ人類の進歩と向上とを期し得るのである。この団体を成立させる基本は信と愛だ。

孔子は「人にして信なくんばその可なるを知らず、大車輗《げい》なく小車軏《げつ》なくんば、何を以て之を行《や》らんや（人において信義なければ、どうしてうまくやっていくことができようか。牛車に輗《げい》〔車の轅《ながえ》の端を渡す横木〕なく、馬車に軏《げつ》〔輗と同様のもの〕がなければ、牛馬をつなぐこともできず、どうして動かすことができようか）。」と言われた。**他人と自分とは二物であるが、これをつなぐものは信義である。**

『処世訓』

一職工の打つ鎚《つち》にも、世界を動かす力がこもっている

満鉄が引き継いだ鉄道は、ロシア経営時代に広軌であったものが、日本軍によって狭軌に改修された状態にあった。総裁に就任してまもない後藤新平は、日本の国際間における地位を考え、満鉄の世界の公道としての利用率向上をおもんばかり、広軌への改築を急ぎ、一年以内にやり遂げるよう指示した。日本の鉄道専門家にとって初めての、しかも、現行の車輌運転を一日も休止させないために狭広軌併用で行うという難しい改築工事である。満鉄がとりわけ苦しんだのは、ポイント切替作業であったが、これを工夫計画したのは、渡辺精吉郎という日本鉄道会社の駅夫からたたき上げた、一種の奇人。技師連の懸念をよそに、渡辺の計画どおりに作業は進められ、一年で全線広軌列車が開通した。後藤は工事現場を把握し、渡辺の仕事についてよく理解していたに違いない。

トップに立っても後藤は、現場の技術者・作業員のはたらきに敏感であった。日清戦争帰還兵に対する検疫事業における、技師下村当吉の蒸気消毒缶設置についての奮闘ぶりに感銘し、東京市長時代には、村山の貯水池工事現場や三河島の下水処分工場建設現場へ自ら赴き、現場員を激励したのであった。

（市川元夫）

孟子に「或は心を労し、或は力を労す、心を労する者は人を治め、力を労する者は人に治めらる、人に治めらるる者は人を食《やしな》い、人を治むる者は人に食《やしな》わる」という事がある。これは……治者被治者もつまりは一なることを説いたものであろう。……長上者は下級者を蔑視せず、これに敬意を払わなければならぬ。佐久間象山が「匹夫の力五世界に係る」と言っているが、その通りで、**一職工の打つ鎚にも世界を動かす力が篭《こも》っているということを知ったら、**下級労役者を軽蔑することはできぬ。

（『処世訓』）

「御親兵一割の損」

満洲経営は満鉄が主体となって、「文装的武備」で行われるべきと標榜する後藤新平は、勢力を強大化する軍部と渡り合わなければならなかった。到る処に陸軍用地海軍用地があって、そこに満鉄が割り込んで平和的施設を進めるのは至難なことであった。

かつてはロシアの軍事的要地であり、いまは一閑地となっている旅順を経済ならびに文教の中心地として活用したいと後藤は望んだ。この考えに対して、海軍は鎮守府の維持拡張を主張、陸軍は要塞維持に執着する。しかし後藤の望みは揺るがず、手始めに、この地にある鎮守府所管の器械工場を海軍から移管されるように図った。その実現のためには、時の海相にして同郷竹馬の友である斎藤実に頼めばうまくいくように思えたが、後藤はかえって後年に禍いをのこすことになるとして、海軍の大御所山本権兵衛へ書簡を送り交渉した。苦心の結果、旅順工科学堂が創立された。

後藤が鎮守府工場の移管を同郷の斎藤海相に依頼しなかったのは、後藤が権要の地位に着くたびに、平生親しい人々を抜擢するのを遠慮していたことに通ずるだろう。彼の口癖は、「御親兵一割の損」であった。

（市川元夫）

親しく伯〔後藤〕の親炙《しんしゃ》した人々は、伯がよく口癖のように「御親兵《ごしんぺい》一割の損」というのを聞かされた。それは、伯が権要の地位に着くときは、かえって平生《へいぜい》親しい人々を採用することを遠慮したからである。

それでいて伯が世間から、「後藤閥」を作るものという批評をこうむりやすかったのは、伯が仕事の遂行に熱心なるのあまり、全く世評に無頓着に、人材を簡抜したからでもあった。伯は適任者と見れば、型外《かたはず》れでもなんでもかまわずに採用した。たとえば、第二次山本内閣で、復興院総裁となるや、岸一太を勅任技師に採用したごときそれであった。それは岸が耳鼻咽喉科の医学博士であったので、この人を復興事業の技師にするのは、あまりに自己の親近者を可愛がりすぎるとの世評であったのである。しかるに、伯が岸を採用したのは、岸が帝都復興事業のため重要なる塵芥《じんかい》処分問題について、特殊の研究と発明とをしていたからであった。こういうときに伯は、岸が台湾以来自分との親近者であったということなどは、眼中に置かずに断行した。

我に敵対して我を奮発させる者が、益友だ

日露戦後の好景気の反動に直面し、財政経済の運営に行き詰まった西園寺内閣に代わって、一九〇八（明治四十一）年七月に成立した桂内閣は、官僚政治に全盛期を画すると同時に、やがて政党政治へと変化する兆候を内蔵していた。この内閣全体に新風を吹き込む存在と期待されて、五十一歳の後藤新平は満鉄を去って逓信大臣として入閣する。

逓信省の陣容をいかにすべきかがまず問題。このとき同省には、次官として仲小路廉がいた。彼には中央官僚の経験もあり、「新大臣は逓信畑にとっては素人である」といった態度であった。かつて後藤が相馬事件のあと検疫所事務官に復活したとき、仲小路は児玉源太郎の後藤起用に反対したといわれる。しかし、後藤新逓相は仲小路を次官に留任させた。自分と同様に硬直剛腹にして、頭脳においても自分と拮抗し得る人物の、しかも自分に反感を持っている人物を遇したのである。両者の経歴も根本的に違っていた。仲小路は官吏として条理整然と国務を担当してきたし、後藤は身を医学に起こし、台湾満洲で奔放自在に腕をふるってきた。当初、両者相拮抗して政務にのぞんでいたが、年を経るとともに、双方の長所美点に相牽引せられて政友として深く結ぶにいたった。（市川元夫）

春秋公羊伝に「門を同じうするを朋といい、志を同じうするを友という」とある。門を同じうしないでも、志を同じうしないでも、**よく我に敵対して我を奮発せしむるものが益友だ。**朋友に選ぶにはそういう人にしたい。

「直《なお》きを友とし、諒《まこと》を友とし、多聞を友とすれば益す。これ三の益友なり。便僻を友とし、善柔を友とし、便佞を友とするは、損なり。これ三の損友なり（正直な人を友だちにし、まごころの人を友だちにし、物知りを友だちにすれば有益だ。これすなわち三種の益友だ。体裁ばかりの人を友だちにし、うわべだけでへつらう人を友だちにし、小才がきき口先だけの人を友だちにするのは損だ。これすなわち三の損友だ）」と孔子は言われた。

まことに便僻、善柔、便佞の徒は損友である。さりとて我を圧迫する暴君、我が命令のまま唯々諾々たる者は朋友とはされぬ。

（『処世訓』）

伊藤公は株式会社だ、山県公は匿名会社だ――人材登用法

第二次桂内閣の逓信大臣に就任した後藤新平は、当時の官界には珍しい破格な人物抜擢を断行した。「貯金局」を新設したり、全国に逓信局を設け、人材を簡抜して、沈滞した省内の空気の一新をはかった。

元々、後藤にとって、法律は仕事を遂行するための一つの手続きに過ぎず、繁文縟礼が人間才能の発揮を遮ることを嫌っていた。彼の目標は、いつでも実際の仕事であり、その仕事の中心は人間であった。「一に人、二に人、三に人」が一生の信条であった。そして仲小路次官を留任させ、台湾銀行本店副支配であった未知の小森雄介を秘書官に選任した後藤は「俺なら、どんな人間でも使いこなして見せる」という自信を持っていたのである。

（市川元夫）

あるとき後藤は、人に語って「**伊藤公は、株式会社だ。**誰でもかまわず人材なら自分の下に入れて使う。別に党派という考えがない。しかし、**山県公は、匿名会社だ。**自分の気に入った人間だけを集団に集めて使う」と言い、その人材簡抜主義と無党派主義とにおいて、後藤は自ら伊藤の衣鉢を継ぐものであることを期していた。

一にも金、二にも金、三も金なりとなると、必ず間違いがおこる。**一にも人、二にも人、三も人**であることをどうしても知らなければならない。そして卓抜した人材本位に編成された機関は、二に二を加えて四、五に五を加えて十となる以上の……機能、および妙用……を発揮するものとする。今やかのビスマルク的な鉄血政治時代は過ぎ去り、まさに霊血政治の新時代が到来しているのではないか。

鉄道院の制服は、公衆を威圧するためのものではない

かねてから後藤新平が提案していた鉄道の国有化が完了したのは一九〇七（明治四十）年三月のこと。しかし、国有化の効果は未だ発揮されず、鉄道事業の展開は不透明であった。こうした状況の改革を目ざし、後藤は第二次桂内閣の逓信大臣を引き受けた。

国鉄が逢着した問題。第一、民間会社の個人的創意が官僚組織に生かせるかどうか、第二、いかにして鉄道を政争の外に置くか、第三、十七の私鉄会社間の人的物的不統一をいかに統一するか。これらの問題を克服しながら国鉄を伸展させていくために、内閣直属の鉄道院が設置される。そして院の総裁には、行政長官であると同時に、事業会社社長のような手腕が求められる。まさに後藤にとってうってつけの役職であった。

後藤は官僚組織内にあって、課長中心主義、現業主義、人物主義をつらぬき、上下関係の緊密化に意を用いた。また鉄道院の仕事の重点を地方管理局に置いた。さらに鉄道会計を一般会計から独立させ、購買費・消費の節約をはかった。後藤の鉄道で実行した仕事のうち論議をよんだのは、制服の制定であった。鉄道職員全員に制服着用とは、官僚の優越意識を嫌う後藤らしからぬという批判である。これに対して後藤は反論する。（市川元夫）

鉄道院の制服は社会公衆を威圧せんがためでなく、従業者をして常人よりも更に重大なる義務を担えること忘れざらしめんがために用いたのである。のみならず……業務に不便な虚飾の服を持たなければ貴賓に接することができないとなれば、その支障に耐えられないだけでなく、……不経済を免れぬのである。これに反し、いやしくも制服として着用する以上は少しくらい汚れていても、別に敬意を表するときに用いるものを着ければ何等の不都合なきをもって、はなはだ経済的なりと言わざるを得ぬ。……また、紳士服などを着て群集の中に出入りするときは、常人と識別すること困難なるが故に、鉄道員として互いに連携し、互いに扶け合うことを妨げるのである。……貴賓の送迎、もしくは、大輸送において鉄道従業者たることを、一目瞭然たらしむることが出来ねば、これがため非常に不便を感ずる……。

（『新日本』第二巻第三号　明治四十五年三月）

一に人、二に人、三に人——鉄道員としての人づくり

後藤鉄道院総裁は就任翌年（一九〇九）六月、鉄道本院に職員教習所を、また、各管理局に職員地方教習所を設置した。これは若い現業職員のために、一つの登龍門を開いたものであり、これによって、現業員中の優秀な者は、日常繁忙の生活を脱して、中絶していた学業を続け、新たな躍進を試みる機会を与えられたのである。この教習所の門をくぐった多くの俊英たちは、のちに国有鉄道の有力な支柱として、鉄道業務の質的向上に寄与するとともに、一般現業員の中に生気を注入することになる。

教習の概要は、教習所普通科を業務科（旅客、貨物、車両、動力一般）と運転科（車両、動力、業務一般）とに分け、両科共通課目（保線、保安及信号、運転計画、統計、倉庫、会計、電信電話、法規、交通、地理、簿記）をあわせて一五科目を教授するものであった。さらに、英語科、ロシア語科も設けられた。

教習所の設置は、後藤の人間本位主義（一も人、二も人、三も人）、実用主義に基づいた教育構想によるものであった。

（市川元夫）

本教習所を設くるに至りたる由緒は、……人を作らねばならぬということに起因する。……**一も人、二も人、三も人**と言うを以て適当となし、すべての事業の効果を挙げて人の力に委ねんとす。殊に国有鉄道においてその必要の著しきものあるを認む。……九万の職員心を一に力を協《あわ》せ、誠心誠意以て業務に当らばいかなる難渋の事業も敢て意に介するに足らざるべし。しかしそれには各員各その業務に対する素地を造ることが必要である。素地を造るはあたかも画家の紙を選ぶに均しく、……その紙に礬水〔みょうばん水〕を引く所以は画を書くの素地にして、この素地なかりせば画を能《な》し得ざるなり。……鉄道職員にして……その素地を失わんか、鉄道は何によりて予期の効果を収め得べきか、……就職の初において……統一的実用教育を施すの要あるを認め、ここに中央教習所を興すに至れり。

一部と全部との関係を忘れるな——専門分立の病

三角髯に鼻眼鏡、鉄道院総裁の制服に赤革ゲートルの後藤新平は、多くの幹部職員を従えて、日本各地を歩き廻って講演した。各駅では出迎えに整列する駅員の前をさっさと素通りして、いきなり便所を覗いたり、風呂場を見たりする。そして、駅員宿舎の台所と食堂を見廻る。彼は九万の従業員の生活自体に深い関心を持っていた。

各地の職員たちに向けて、後藤は色付幻灯画や映画を映写しながら講演した。官僚大臣としては空前の型破りであった。彼の講演は話の筋書どおりに進まず、脱線を重ね、またしばしば独り合点で五里霧中に彷徨するものであった。しかし、彼の生き生きとした風貌と、いっぱいの愛嬌と、稚気を帯びた豪傑ぶりに接する聴衆は講演に引き込まれていった。講演の内容は、鉄道従業員はすべて一家族であるとの精神で相扶け合い、事業に献身すること、また信愛主義をもって人と物に臨むべきことを説くものであった。さらに講演には、後藤の得意とする「一部と全部との関係」論が盛り込まれた。線路建設、保線、運輸など各部門における一人ひとりの仕事が、鉄道事業全体にどのような影響を及ぼすかについて、各人が留意するよう説くのであった。

（市川元夫）

文明生活は常に**全部と一部の関係**について甚だ欠点を生じやすいもので、教育上の専門分立はこの病を生ずるところの原因をなす素質をもっておる。幾度かこの大学をこしらえて、それが一致を保たんとするけれども、学者は既に病に罹って今日は完全にこれを為し得ないのである。いずれの大学にても完全なる調和的均衡を得たる教育と成長とを有する人を出すことを至難とする所以である。……諸君もまたこの鉄道について、まず学者は学者の事、技術官は技術の関係について、その**全部と一部の関係**に注意を怠らぬようにしなければならぬのであります。（中略）

……火夫が火を焚くところの注意が、いかに鉄道の全経済におよぼしていかなる結果を導くかということ……、また転轍手がいかなる事柄からいかなる結果を来すか、ということを知らしめる「ダイアグラム」もまたその一である……。一部と全部に関係するところのものが……日常の労働者の一挙一動の上にも関するということを知らしめることも教育の本旨である。かくのごとくして教育が成効し、……全体の健全なる活動を見るにいたるのである。そうなればあたかも爪先の痛みが頭痛に来るがごとくであるから、ここで初めて……鉄道の家族的生活の基礎が、……立つのである。

自治三訣——人のお世話にならぬよう／人のお世話をするよう／そして酬いを求めぬよう

自治は、後藤新平理解の鍵である。また社会、国家、更には世界政策にわたる、彼の大きな実践世界を支える核である。明治十年代から孕まれた概念であったが、大正期に明確に論じられ、提唱され出す。一九一三（大正二）年にハンザ同盟（一九〇九年設立）の小冊子を刊行し、一九一六（大正五）年に『自治団綱目草案』を刊行する。ここから自治団・自治連合団を構想する（但し「集会及政社法」への抵触から実現せず）。一九一九（大正八）年には、理論的集大成として『自治生活の新精神』を刊行する。社会や国家は人間の衛生（生を守り育む）のためのもので自治の本能の延長上にある、と説く。一九二五（大正十四）年には『自治三訣　処世の心得』を刊行する。後藤自治論の標語といえる「自治三訣」の啓蒙理論書である。自治の個人で人格が輝き、自治の社会で活気づき、自治の国家で威力が加わる。逆に自治精神を欠くと、人は萎縮、世は頽廃、国は衰微する。なお、後藤の筆の動機には、欧州大戦の運命や国内危機への認識があった。

自治三訣は、主に青少年に向け提唱された。彼が力を入れた少年団で常に語られた。またハルビンにあった日露協会学校の校訓として、玄関に掲げられていた。（能澤壽彦）

自治の三訣は、簡単で要領を得たもの、自治生活の極意はこの三カ条に尽きている。

自主的自治　**人のお世話にならぬよう**
社会奉仕　**人のお世話をするよう**
国家奉仕　**そして酬《むく》いを求めぬよう**

自主的自治は個人としての態度を、社会奉仕は社会に対する態度を、国家奉仕は国家に対する態度を、それぞれいましめて処世の心得を明らかにしたもの、この三訣の実行さえできれば、自治生活の目的は達せられる。

（「自治三訣　処世の心得」（一九二五）『シリーズ　後藤新平とは何か　自治』藤原書店、二〇〇九年）

夫は自分の妻の人格に威厳を認めよ

後藤新平の母利恵は、留守家侍医の筆頭の長女。資質闊達で、論も立つ女《ひと》。姉初勢《はつせ》は周囲に「男であったなら」といわしめる思慮周密の人であった。ともに小笠原流の行儀作法に習熟していた。

礼法が身に着き、賢く堅実な女性に囲まれて育った後藤には、女性を一段低く看做すということが無かった。

後藤二十七歳の時、恩人安場の次女、和子十八歳と結婚すると、その新婚生活では、後藤が風呂の湯加減を見てやるような大変親切な夫であった。新婚間もない後藤は相馬事件で収監され、新妻《にいづま》に大変な心配と苦労を掛けた。明治四十（一九〇七）年、新渡戸稲造夫人が里帰りするのを機に、後藤は妻の苦労に報いるためにと、和子にアメリカ・ヨーロッパの旅をプレゼントしている。

（河﨑充代）

「男子には男子の威厳ある如く、女子には女子の威厳なかるべからず。**夫は己れの婦の人格に威厳を認めよ。**」

夫はその妻に対する義務があり、その子に対する義務があるが如く、夫自身に対する義務がある。妻もまた夫に対し子に対する義務の外に妻自身に対する義務がある。夫はその妻が妻たり母たる外に一個者であるということを認めてやらなければならない。また、同時に男女一対にして始めて完全なる一個人体である事をも忘れてはならない。

「優美、温情、敏知、女子の三徳とはこれをいう。」

女子は天性優美である。であるから優美であるべきで、華美であってはならない。

（『処世訓』）

人は学問の力を離れては一時も存在できない――「学俗接近」(二)

日露戦争後の一九〇七(明治四十)年、後藤新平は雑誌『新時代』に「学俗の調和―社会教育会のために」を寄せて、今後の日本の発展のためには富国強兵だけでは不十分で、「大学拡張」のような「学者と世俗の接近」が必要であると主張した。後年、後藤はこの「学俗接近」の主張を実現すべく、一九〇四、五年頃、新渡戸稲造らとともに「通俗大学会」を組織し、学術的な啓蒙書としてポケット版の通俗大学文庫を発刊し、また各地で文化講演会を開催した。一九一七年には平林広人ら信州の教育界と協同して、信濃木崎夏期大学を木崎湖畔に開設した。さらに翌年には軽井沢夏期大学を開設、吉野作造、河合栄治郎、森戸辰男などにより多彩な講演が行なわれた。

(春山明哲)

人は学問の力を離れては一時も存在できないほど学問の支配を受けているにもかかわらず、直接その事を考えずにただパンを求むる上に、衣服を調整する上に、汽車汽船に来る上に、売買の契約をする上に、享楽を貪る上に差当たり必要がないという事のために、之《こ》れを閑却しようとする。

俗人は俗人で学問というものの性質を知らず、学問をした奴というものは実際には一向役に立たぬものだというので、益々学者と学問とを侮蔑する。かくて学者と俗人とは、宛《あたか》も河童と山猿との如く、相互に自分等の世界だけで威張って居てお互いの世界の修行をやって見ようとしない。之れでは折角の学問も、宝の持ち腐れで何にもならない。

（後藤新平「学俗接近の生活」）

赤大根程度のアカは気にするな——日露協会学校学生に

日露協会は、一九〇二（明治三十五）年、日露両国民の交流、通商の発展を目指し設立された。そして一九一八（大正七）年、シベリア出兵の前後、後藤新平は「臨時シベリア経済援助委員会」を外務大臣の監督下に設置した。他方、満鉄調査課員でロシア通の井田孝平がロシア語、同政治・経済などを扱う学校設立を提唱した。同委員会はこれに賛成し、学校建設費を提供し、一九二〇（大正九）年、日露協会会頭・後藤新平の主導で、日露協会学校が設立された。初代総長に後藤、初代校長に井田が就任した。各道府県で厳しく選別された公費支給生に対し、国際都市ハルビンの地で現地密着型の実地教育を試みた。対露政策に資する人材育成の場であった。後藤は日露戦争後、両国関係の改善を望んだ。かつ両国による、極東や満洲の資源開発を願った。ユーラシア国家との団結である。背景に対米戦略もあった。この世界政策観が、同校の教育理念にも反映した。

同校は一九三二（昭和七）年、満洲国建国の年にハルビン学院（哈爾濱学院）と改称。外務省・日露協会から文部省に管轄が移転。一九四五（昭和二十）年に閉校。左記は、同校の学生に口癖のように語ったとされる言である。

（能澤壽彦）

世間では後藤をアカだという者がいる。しかし、**赤大根程度のアカは気にすることはない**。君たちはソビエトを研究しなければならない。国のために対ソ政策に役立つ人間になりなさい。若者らしく、外へ出て大陸の雪を蹴散らすくらいの気概で行きなさい。

（芳地隆之『ハルビン学院と満洲国』新潮選書、一九九九年）

かのロシアは非常に狡猾であるばかりでなく、赤化という恐るべき伝染病の発源地であるから、決して近寄るべきものではないと恐怖し嫌悪する類は、東洋の大策大局に着眼のない、区々たる小人輩の短見といわざるを得ない。

（「東洋政策一斑」（一九二七年）『シリーズ 後藤新平とは何か　世界認識』藤原書店、二〇一〇年）

人間には自治の本能がある――文明人の自治

後藤新平は一八八三（明治十六）年、内務省衛生局に転じるとすぐ山県有朋による自治制度の立案過程に接し、ドイツ人モッセの講義を聴いている。後年の「自治第一義」の思想はかなり早くから抱懐されていたのではなかろうか。大正年間に入り、後藤はドイツの自治的政治団体（ハンザ同盟）の研究や、台湾総督府時代からのブレーンであった岡松参太郎（元京都帝大教授）や中村是公（満鉄総裁）らの協力を得て「自治団綱領草案」を作成している。一九二一（大正十）年に刊行された『自治生活の新精神』は、これら後藤の自治研究の到達点を示すものであり、いたるところに後藤ならではの「自治の思想に関する言葉」が横溢している。

（春山明哲）

人間には自治の本能がある。この本能を意識して集団として自治生活を開始するのが文明人の自治である。

日本人の生活を一言でいえば、「隣人のない生活」である。したがって、差別観をもってずっと生活してきた日本の生活には、平等観がないのである。平等観がないから日本には上下の関係はあるが隣人という平等の関係がないのである。

自治生活の要義は、国民各自の公共的精神を徐々に養い育て、広め、一致団結、それによって相互協力の美風をふるいおこすことにある。

この自治第一義の精神を公共に広げ、各種自治生活の発達改善に力を用いたならば、外来の民主思想は、見事に内在の自治の新精神に同化され、いつのまにか、いわゆる民主思想は外来思想ではなくて、内生思想、否、各人固有の思想であると言われるようになるであろう。（「自治生活の新精神」（一九二一年）『シリーズ　後藤新平とは何か　自治』藤原書店、二〇〇九年）

「備えよ　つねに」――少年団のモットー

一九二二（大正十一）年四月、第一回少年団日本ジャンボリーが東京で開催された際、当時東京市長であった後藤新平は強力な財政的支援を行った。同年十一月、三島通陽らの懇請により初代の少年団日本連盟総裁に就任した後藤は、いかにも後藤らしく調査研究に基づく多彩な啓蒙活動を展開していく。翌年二月華族会館における地方長官に対する講演で、後藤は「少年団運動の使命」を述べ、それが四月創刊の『少年団研究』に掲載された。後藤は少年団を「自治の訓練場」と位置付け、「少年団の真価」では「人の御世話にならぬ様、人のお世話をする様に、そして酬をもとめぬ様」という「自治三訣」を掲げた。九月の関東大震災ののち、連盟は「復興ボーイスカウト」を組織して被災者の救援活動を開始、後藤は「少年団日本連盟組織宣言」を発して、この大災害に少年団の使命をあらためて世に訴えた。連盟徽章と帽章には「**そなへよ　つねに**」の文字が刻まれた。ボーイスカウトの創始者ベーデン－パウエルが作った標語「**Be Prepared**」に対応する標語である。

（春山明哲）

少年団運動の有する真の使命は、国体を遵奉し忠孝を本とする国家主義と同時に、博愛協調の精神により世界人類の幸福に貢献したいと云う、国際主義とを経緯とした一大倫理運動でありまして、児童の少年期に特有なる教育受能性の如き特性を利用して、熾烈なる愛国者たらしめると共に、国際的に陶冶せられた公民たらしめよう、というにあります。

（『少年団研究』一巻一号、大正十三年四月）

訓練を受けたる少年は平時においては勿論、一朝事ある時に際しては自己の処置を誤らざる機知と胆力とを具え、更に老幼婦女の危急を救い、社会百般の出来事に対し臨機応変の行動をなしうるいわゆる『**準備ある**』人たるを得るのである。

（「少年団日本連盟組織宣言」）

学術と実際は、距離がないようにせねばならない

――「学俗接近」(三)

東京市長となった後藤は、市役所職員の講習に熱心で、講習科目の「修養および訓練」を担当したほどであった。大正十一(一九二二)年、講習所が教材として頒布した『市政振作《しんさく》の根本義』がその後藤の講義である。「新しき科学的管理法」が「茶の湯」と比較されている。

後藤は「科学的政治家」と呼ばれることがあるが、茶の湯を科学に見たてるこの講義から、「科学=サイエンス」は欧米流のそれを越えた芸能まで含むものを意味していたことが分かる。したがって、後藤が提唱した「学俗接近」の「学」も、「学芸」として理解する必要があるだろう。

(鈴木一策)

十分に講習によって知識を吸収し、これを自ら取捨選択して自己を築くことを切に希望するのである。そのためには、……精神的にも物質的にも下で働く人々の労力を節約し無駄な骨折りをさせないよう指導しなければならない。……そうすれば科学的に管理の実が市政にも挙がってくると思う。科学的管理などというと……高尚なことのように思う人がいるが、日常の上に皆あるのである。例えば茶の湯である。非常に高尚な俗事を離れた風流なことであると考えられているが、茶の湯というものは茶席から茶を持って出る時も、茶を持って行く時も、その間に一つの無駄な手数がなく、したがって煩雑で忙しいということはなく、いかにも静粛で秩序整然としている。茶の湯が科学的管理法というとすごくおかしいように思われるかもしれないが、科学的管理法に違いないのである。……**学術と実際は、**こういうように、**距離がないようにしなければならぬ。**

東洋平和は、世界平和の礎である

シベリア出兵をめぐり、日本政府は撤兵の時期を逸した。これがこじれて、一九二〇（大正九）年三月、尼港《ニコライエフスク》大量虐殺事件も起こる。日本は撤兵させつつ北樺太を保障占領した。この二つの問題を解決すべく日ソは会談したが決裂した。

この後、ソ連代表のアドルフ・ヨッフェは、上海で孫文との接触を図ろうとする動きを見せた。後藤新平東京市長は、日本の東亜政策的観点から、これを危惧した。そこで加藤友三郎首相の諒解のもと、一九二三（大正十二）年二月、ヨッフェを療養名目で日本に招き、後藤が一私人としてヨッフェとの交渉に臨んだ。会談は数回にわたり、四月には東京市長を辞職する。

日本の対ソ感情悪化の中での交渉である。来日の月に、後藤邸は二度にわたり赤化防止団員などから襲われた。だが五月には日ソ予備交渉基礎私案を加藤首相に提出する。外務省とヨッフェとの公式予備交渉まで持ち込んだが、不成立に終る。八月にヨッフェは帰国した。なお一九二五（大正十四）年には、後藤のそれまでの努力の結果、日露条約成立の運びとなった。左記は、後藤がヨッフェ帰国の際に与えた書簡の一節である。（能澤壽彦）

古人のいうような、国あるを知って身を忘れる国士の姿を、私は君にこそ見る。しかしながら、ついに、病のために交渉の途中で障害を生ずることになったのは、私にとって深く残念なことである。しかしこの間に、着々と誤解を去り、まじめな問題を進行させたのは、貴方が大きな犠牲を払ったおかげであることは、神の照覧されるところであることを疑わない。

東洋の平和はすなわち世界平和の礎であって、われわれが最も努力すべきことである。今や東洋平和の柱石は、日露の力によって樹立するよりほかに策はないだろう。日露間に特殊な事情が存在するということは世界が認めており、いや、造化自然が認めており、これをなおざりにするのは、われわれが責任を逃れるということで、それはできないと覚悟しなければならない。

ラジオを精妙に活用することは、民衆生活の要を握る

一九二四（大正十三）年十月、（社）東京放送局（ＮＨＫの前身）が設立され、後藤新平が初代総裁に就任した。前年にはラジオ（当時は無線電話と称された）に関する法制が確立していた。

翌一九二五（大正十四）年三月一日に試験放送を開始し、同月二十二日から仮放送に切り替わる。同年七月には本放送を開始する。世界最初のラジオが米国で始まって二年余、かなり迅速な日本での進展である。この創業期において後藤が果たした役割は大きい。逓信大臣を務めた経歴からくる造詣の深さや先見性、起業時の業界的混乱などを調整する指導力が、遺憾なく発揮された。そして新しいもの好きな個人資質も加わった。

なお、後藤は大きな影響力を持つはずの放送事業が孕む裏面も既に察していた。よって、事業者の利権独占や権利乱用を戒めた。また、自治精神を以って民衆的道徳の模範を示すべき、とも説いた。

左記は、仮放送開始の日に、「無線放送に対する予が抱負」と題した演説の一節、および要旨の列記である。

（能澤壽彦）

そもそも**無線電話**（ラジオ）は現代における科学文明の一大光輝であるが故に、**これを精妙に活用することは、**今後の国家、今後の社会に対して新なる重大価値を加え、**民衆生活の枢機《すうき》〔かなめ〕を握る**ものであります。

さて諸君、放送事業の職能は少くともこれを四つの方面から考察することが出来ます。

第一は、文化の機会均等であります。

第二は、家庭生活の革新とも申しましょうか。

第三は、教育の社会化であります。

第四は、経済機能の敏活という事であります。

われらが多年主張しつつある通り各人の自治的自覚――新文明の利器を活用するにあたり、最も必要なる民衆相互の倫理的観念――唯それによってのみこの事業の成功を期待し得るのであります。

諸君、問題は一無線電話の消長のみではありませぬ。これを成功し発達せしむると否とは実に国家禍福の岐《わか》るる所であります。

日本の日本、世界の日本、日本の世界——「政治の倫理化」運動

一九二五（大正十四）年普通選挙法案が議会を通過し、二十五歳以上の男子に衆議院議員の選挙権が与えられることになった。新しい千万人の選挙民による普選を、どのように健全に進行させるべきか。第二次山本内閣が総辞職してから、政界をしばらく引いていた後藤新平は、満身の力を込めて政治革新に邁進することにした。一九二六（大正十五）年四月二十日青山会館で、後藤は「政治の倫理化」運動の第一声の演説を行なった。翌一九二七（昭和二）年四月、後藤は「政治倫理化運動の一周年」を報告した。後藤の講演回数だけでも百八十三回、講演時間にして約二百五十四時間、その旅程は一万六千百八十三マイル（地球一周半）、日数は百四十四日、聴衆は約三十五万人に及んだという。野間清治の大日本雄弁会講談社が発売した『政治の倫理化』は、百二十七万部という当時の日本出版界未曾有の部数を記録し、これを縦につなぐとその高さは富士山の約六十倍となる、という。「政治の倫理化」は、後藤の生涯で最後の国民運動による政治的遺言となった。

（春山明哲）

私の主張する所のものは、どうか党派争にのみ没頭するようでなく、少しく心眼を開いて静かに大局を見て頂きたい、ということである。即ち**第一に日本の日本――我を知ること、第二に世界の日本――彼を知ること、第三には日本の世界――即ち我を知らしむるということ**に到達するように、この三箇条を深く心に銘して段々その功を収めて貰いたいのであります。

力を以て政治の基礎とする時は、たとえ一時の成功は致しましても、必ず天下大乱の俑《さなぎ》を作るのであります。これに反して政治の根源を倫理観念に置きます時は、その効果は現わるること遅きようでありますけれども、永遠にわたって国民生活の安定となり、国家興隆の素因となるのであります。

私は「政治の秘訣は人心の弱点を補うにあり」と修正したいと思いますが、かくの如くして始めて「政治は力なり」でなくして「政治は奉仕なり。サービスなり。御奉公なり」ということになるのが、即ちわが大和民族の特色である。

真珠を得ようとせば、

自らその深淵にその躯を投ぜよ。

法律ばかりで世を治めようとするものは、
水を以て人を酔わせんとする徒だ。

法は人が造り、法は人が破る。掟はいかに立派に
できてあっても、守るべからざるものは真の法では無い。
不成文でも守られるものが法律だ。
正月の儀式、盆の祭祀、婚姻の作法、あれが真の法である。

世の中に怖ろしい人がある。　それは怖ろしいという事を
知らぬ人だ。
卑しい人がある。　それは自らを卑しとする人だ。

自己の職務を行って、完全に責任を尽くすというのは、
義理や体裁や理屈ぐらいでは到底《とうてい》出来ぬ。
心底から迸《ほと》ばしる「誠」がその人の身に備っていなければいかぬ。
「誠」は人間活動の大原動力で、
この「誠」が親子の間に顕《あらわ》るれば孝となり、
君臣の間に現れると忠となり、
国に関しては愛国となり、
自己の職務に関してあらわれると忠実となる。

＊傍点は編集部

閣議の際（右から山本権兵衛、平沼騏一郎、後藤新平、岡野敬次郎、犬養毅）

第Ⅱ部　「後藤新平山脈」100人

高野長英（一八〇四―一八五〇）

高野長英（たかの・ちょうえい）

岩手水沢出身。幕末の蘭学者。後藤新平の本家の出で、九歳で父を亡くし母方の高野家の養子となる。新平は長英の再従兄《またいとこ》の孫にあたる。一八二〇（文政三）年、十六歳の長英は実兄・後藤湛斎《たんさい》と共に江戸に出る。祖父から習った「もみ治療＝按摩」で食いつなぎ、医者・杉田伯元（杉田玄白の養子）に師事、次いで漢方と蘭学に通じた医者・吉田長叔に師事。師に重んじられ、十八歳の時、師の「長」の一字を取って「長英」と改名するよう言われる（幼名は悦三郎）。二十一歳で長崎に遊学、シーボルトに学び、後に幕政を批判し入牢、脱獄後、身をやつして医業に従事したが、捕吏に襲われ自殺した。新平の誕生に先立つことわずかに七年であった。翻訳に才能を発揮した長英は、例えば『三兵答古知機《タクチキ》』（全二七冊）のような歩兵・騎兵・砲兵の三兵の訓練と実戦技術を説く兵書の翻訳、『西説・医原枢要』のような生気論の立場の生理学の翻訳など、多方面の訳書を残した。モリソン号再来の知らせを受け、打ち払いの政策をまた取るべきではないことを訴えた匿名の『夢物語』と渡辺崋山の『慎機論』とは、幕府ににらまれ、崋山が逮捕された後、長英は自首し、『夢物語』によって過酷な運命をたどることになった。

後藤は、晩年にいたるまで長英を口にするほどの熱心な長英崇拝者であった。明治三十一（一八九八）年七月、明治天皇は長英の功績を讃え正四位を贈られたが、曾孫の長田偶得《ぐうとく》に依頼して『高野長英伝』の編集がなされた。後藤は、その著に漢文の序を寄せて敬慕の情を示した。また、後藤は、長英の著書の蒐集にも努力したが、高野長英全集第三巻に収められた『三兵答古知機《タクチキ》』の版本は後藤の蔵本を原本としたものである。

愛知県医学校長時代の後藤は、内務省衛生局長・長与専斎に認められるのだが、衛生局に移るにあたっての決意を表明した長与宛の書簡には、長英への言及がある。「幼きとき祖父が諭《さと》してくれたことがあります。高野長英はわが家族・後藤惣助の第三男であり、お前の縁戚である。後藤家を出て高野氏を継ぎ、長崎に遊学してオランダ医学を修め、政治にも深い関心を抱き、幕府ににらまれ獄につながれ、非業の死を遂げた。水沢の人で長英に同情する者はなく、それどころか長英を誹《そし》る有様である。だから、お前も大きくなったら長英の名を口にしないよう気をつけなければならない、と。小生、やや長じて十歳の頃、長英が著わした『夢物語』と長英からもらった硯とを小生に見せて、当時のことを細かに話し、気をつけよと言われました。祖父の戒めは、封建の世ではその通りであると思います。しかし、今日にあっては刻苦勉励、長英のようでありたいと心から思いましたが、貧乏で友達がなく、目的を遂げる途がないことに苦しみました」（『正伝』第一巻）。長英のようになりたいという若き後藤の悲願が、はっきりと表明されていたのである。

（鈴木一策）

勝 海舟（一八二三―一八九九）

勝 海舟（かつ・かいしゅう）

江戸・本所に旗本の長男として生まれ、島田虎之助に剣術、永井青崖に蘭学を学ぶ。一八五〇（嘉永三）年、赤坂田町に兵学塾を開き、蘭語を教授し鉄砲製造の仲介を行う。ペリー来航後、識見を幕府に上書。一八五五（安政二）年、海防掛視察団に加わり伊勢・大阪湾一帯の防備の調査、長崎の海軍伝習所に入る。一八六〇（万延一）年、日米修好通商条約批准使節派遣の際、咸臨丸を指揮して渡米。神戸海軍操練所設立を許され、坂本竜馬ら脱藩藩士を教育、一八六四（元治一）年には軍艦奉行、安房守と称するが浪人庇護を咎められ免職、翌年神戸操練所廃止、一八六六（慶応二）年軍艦奉行に復帰、安芸宮島に出張、長州藩との停戦交渉に成功。東征軍の江戸城総攻撃前夜、陸軍総裁として西郷隆盛と会見、江戸城無血開城。駿府に移住するが、一八七二（明治五）年新政府海軍大輔となって東京に移る。参議兼海軍卿、元老院議員となるが辞任、野に下り一八八八（明治二十二）年枢密顧問官、伯爵。日清戦争には批判的だった。

嘉永三（一八五〇）年、高野長英、逃亡の果て妻子と再会しようと江戸に入った際、長英を救おうとした人が長英を二十八歳の勝海舟（麟太郎）の元に連れて行った。すると、勝は「私は幕府の禄を食むもので、罪人の高野氏をかくまうことはできない。しかし、仇とは思わない。このことはけっして他言しないから、二度と来ないように」と言った。長英は、この言葉に服し、自ら添削批評した『鈐録《けんろく》外書』（荻生徂徠の軍学書）を贈り記念としてくれと応じた。後藤は長英の筆跡（諸葛孔明の「出師表」）真偽鑑定のため勝海舟を訪問、「風貌長英に似たるところあり」と言われた。それほど、長英との会見は勝に深い印象を与えていたという。

恐らくその折であろう、後藤の言葉として新渡戸稲造が記憶しているところによれば、勝は医者の卵の後藤に、首の筋肉の動きについて質問し、ありきたりの返答を斥け、ずーっと首を伸ばし「誰でも今日のことは見渡せるものだ。ところが、何かハッと起こった時分に、あわてないで、向こうの方をズッと見通す、この作用を覚えていなくてはいけないぞ」と言われたという。この勝の言葉を意識した冗談がある。台湾で山に登った時、後藤は「遠眼鏡一人でもてば罪つくり」という狂歌を紙片に書いて長尾半平に見せたというもの。いつも時代より先に歩いて、世間に波乱を起こし、しばしば困難に遭遇したことを思って歌った自戒の狂歌でもあろうが、先を一人で見通すことを誇るような勝への皮肉とも取りうる狂歌だろう。このように、後藤は、偉大な先覚者にも皮肉な距離を保ち、独断専行を常に戒めていた。

（鈴木一策）

福沢諭吉（一八三四—一九〇一）

福沢諭吉（ふくざわ・ゆきち）

大分（中津）出身。一八五四（安政元）年、長崎に出て蘭学を学ぶ。翌年、大坂の適塾に入り、長与専斎と知り合う。一八五八（安政五）年、藩命で江戸に出府、中津藩中屋敷で蘭学塾を開く。一八六〇（万延元）年、幕府の遣米使節に従者として随行、一八六一（文久元）年遣欧使節、一八六七（慶応三）年遣米使節の一員として欧米の文化に接し、『西洋事情』を刊行。一八六八年、幕府に御暇願いを出し慶應義塾を開く。『学問のすすめ』『文明論之概略』を著し、一八七三（明治六）年、明六社を組織、一八七九（明治十二）年東京学士院初代会長となる。一八八二（明治十五）年、『時事新報』創刊。一八八五（明治十八）年、「脱亜論」を発表、中国・朝鮮という「悪友」とつき合うのではなく、列強に伍することを提唱。太陽暦を普及させ、保険を紹介し、知識の普及に大きな役割を果たした。

福沢の適塾以来の友人・長与専斎が後藤を見出した関係から、福沢は後藤の噂を聞いていたことは確実である。明治二十（一八八七）年、慶應義塾は拡張の機運に達し、入る学生も千人を超え、資金募集にあたって内部を整えるため、塾長問題が浮上していた。その第一候補として、意外にも、慶應義塾に縁もゆかりもない後藤新平が挙げられたのだった。諭吉の婿養子である福沢桃介《ももすけ》（一八六八―一九三八）の回想によれば、明治二十二年、湘南大磯の招山閣で福沢は後藤と初めて会った。その頃は、慶應義塾に塾長のなかった時代で、福沢先生は適任者を物色しているうち、たまたま長与専斎に話したところ、「幸い門下に後藤新平という傑物があるから、これを任用してみてはどうか」と推薦したのだが、その件で後藤に会ったということを後に知った。後藤さんはいい男だから、福沢先生の娘たちも気になったという。ところが、塾長問題は、塾内の反対で沙汰止みとなった。

明治二十五（一八九二）年、北里柴三郎が「伝染病研究所」を開こうとした時、付近の住民の猛反対に会った。後藤は北里を応援したが、長与専斎も福沢に相談した。すると福沢は、「学事の応援は余の道楽の一つである。私力をもってその手始めをなそう、幸いに芝公園内に、所有の地所もあるから、ここに必要なだけの家屋を構え、ともかくも試験のことを始めなさい」（長与専斎『松香私志』）と即答したという。後藤は福沢に助けられ、ドイツ留学時代以来の畏友・北里に協力することができたのである。

（鈴木一策）

安場保和（一八三五—一八九九）

安場保和（やすば・やすかず）

天保六年、熊本生まれ。十七歳の時、時習館居寮生にあげられたが、やがて沼山津の横井小楠の門に入り「四天王」の一人となる。十九歳で父を失ったが、母・久子は女傑で周囲の反対を押して息子を小楠の塾に通わせた。小楠が松平春嶽の招きで越前に赴いた折随行し橋本左内との交友始まる。維新に際会し、実学党の同士とともに開国勤王を唱え、藩制を改革した。明治元年、特に抜擢され江戸城受け渡しの軍議に参加。明治二年八月、胆沢県（現在の岩手県の一部）大参事、四年熊本県大参事、藩制改革、廃藩置県の二大事業達成。大久保利通は、この時、抜擢して大蔵大丞《だいじょう》に据え、ついで租税権頭に据えたが、潔癖で一徹な安場は大隈重信や陸奥宗光らと意見が合わず辞職を決意。そこで大久保は岩倉大使一行の欧米漫遊に大蔵理事として同行させた。岩倉の目的は条約改正にあったが、米国の国力との著しい差を知った安場は、条約改正の不可能を見破り単独で帰朝。明治二年胆沢県大参事、その後福島県令になって、産業の振興を図り、愛知県令になっても水利交通・教育・行政に実績をあげた。明治十三年元老院議官、明治十九年福岡県令となり、玄洋社の頭山満《とうやまみつる》と交際、九州鉄道を創設し、門司の築港を計画、筑後川の大改修工事を行う。明治二十五年貴族院議員、二十九年勲功によって男爵。三十年北海道長官となったが間もなく辞し、三十二年六十五歳で死去。文は横井小楠、武は宮本武蔵を慕い、生涯の範とした。

安場は、胆沢大参事となって水沢で十二歳の後藤に会い、その非凡を見抜き、書記官として随行した阿川光裕に預けて去った。その後、愛知県令となり、医者となった後藤を援助し、次女・和子と後藤との結婚後は相馬事件でも援助するなど、生涯後藤との深いつき合いを保った。後藤の回想によれば、十七歳の時、安場から横井小楠の話が聞けて面白いと言うと、阿川が「世界に広く眼を注ぐことを忘れてはだめだというのが、小楠の小楠たるところ。多くの人は小楠のこの志を知らない」と諭《さと》された。安場の影響は、小楠の思想によるところが大きいが、小楠が師と仰ぎ荻生徂徠が高く評価した熊沢蕃山（一六一九―一六九一）の主著『集義和書』を生涯の愛読書とした後藤にこそ、安場の影響の深さを視ることができる。後藤は、欧米の思想を深く学んだが、安場や阿川を通じて、江戸思想の最深部の蕃山の万物一体論を血肉化していたのである。

後藤は安場について「立派な人だったが、いい参謀がついていたらなァ」とよく和子夫人に語ったという。その思いは、藩閥政党抗争の動揺期に乗じ、岳父を政界に進出させ、その剛毅勇邁の資質を存分に発揮させ、その足らざるを補い、自己将来の大成を期したと思われる北海道長官・安場への長文の手紙（明治三十年十二月、日清戦争後の財政破綻で倒壊した伊藤内閣に代わった松方内閣の紛糾に際して）にくっきりと現れている。「ああ、ここに語るも畏れ多いことですが、九州にあった安場と（陛下の信任を得た）北海道長官の安場とは位の重みが違います。およそ人が世に処するに、時勢と場所によって、同一の文法を使うことなどできません」。「閣下は、政治上の友人、松方のように朽ち果てた人、樺山のように馬鹿正直で情の厚い人などと共に倒れてもいいのですか。北海道長官を辞し、全く閣下が自由に運動することができるようにすべきです」。この岳父への訴えにも、蕃山の万物一体論に淵源する「時・所・位」論の影響を垣間見ることができる。（鈴木一策）

井上　馨（一八三五—一九一五）

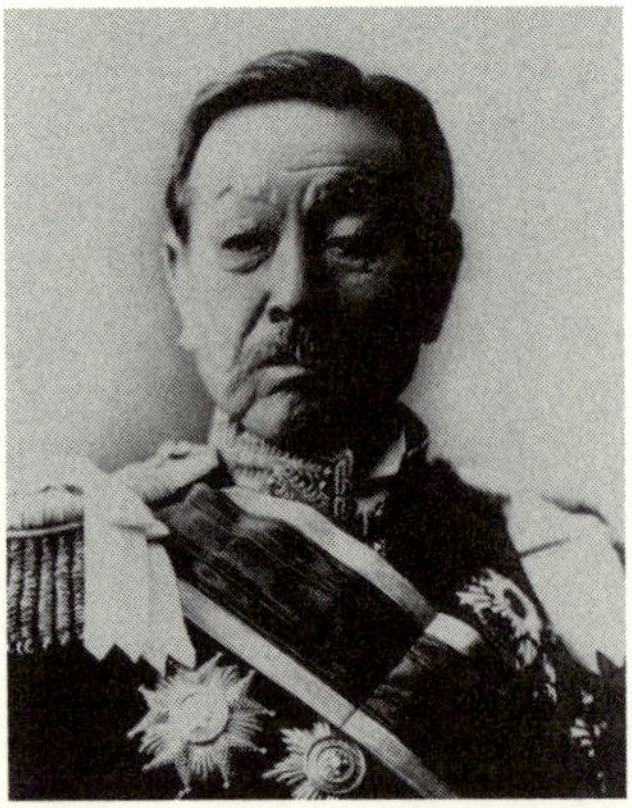

井上　馨（いのうえ・かおる）

萩藩の地侍の家に生まれる。井上聞多。藩校・明倫館に学ぶ。蘭学、英学、砲術を修業。尊攘・倒幕運動に参加するが、英国に留学、帰国して、外国艦隊の攻撃で揺れる長州を懸命に救援する。明治新政府では、参与、外国事務係、造幣頭、民部大輔をへて大蔵大輔となり、一八七三（明治六）年、各省からの予算増加要求を不可として辞職する。井上の股肱であった渋沢栄一も続いて辞職。新政府を離れた井上は先収会社を興すが、やがて元老院議官となり、七六（明治九）年、特命副全権弁理大使として江華条約を結び、同年欧米視察帰国後、参議兼工務卿、外務卿となり条約改正に尽力。八五（明治十八）年第一次伊藤内閣外相、第二次同内閣では内相に就任。九四（明治二十七）年、日清戦争勃発後、特命全権公使として朝鮮に赴任、その内政改革を図るが、ままならず、三浦梧楼を後任として帰国する。そのさい起きた閔妃暗殺事件で三浦は解任されるが、井上の責任についても論議がある。九八（明治三十一）年第三次伊藤内閣蔵相のとき、衛生局長後藤新平より「台湾統治救急案」を具申され、後藤の台湾統治方針を認める。晩年は元老の一人として政界に臨んだ。実業界では三井財閥の総顧問であった。

後藤新平が愛知県病院院長から転じて、内務省准奏任御用掛に任ぜられたのは、一八八三（明治十六）年一月であった。就任早々、長与衛生局長の代理として、熱海に療養中の岩倉具視の許へ呼吸器病患者の温泉蒸気を活用する療養旅館建設の件で相談に訪れる。後藤はそこで、外務卿井上馨と初めて顔を合わせる。後藤の回顧談に次のようにある。

「（略）そこへ井上聞多が入ってきた。余は、彼が膝行するかと見ていると、彼はつかつかと入ってきて、公の御前に端坐した。つづいて得能良介が来た。（略）しごく無造作な挨拶をしてこれもずかずかと入ってきたので、余はようやく救われた感じがした」。回想はつづき、伊藤、井上が前に出ていたカステラを紙に包んで持ち帰り、自分は一つは食べてしまって持ち帰るわけにもいかず、気が気ではなかった――ところが後刻、宿泊所に岩倉からカステラ折り一箱が届けられたとの逸話を回顧している。

日清戦争帰還兵に対する検疫事業を成功させた後藤は、一八九五（明治二十八）年九月、内務省衛生局長に復活する。衛生行政について数々の建白を行うが、なかでも台湾阿片政策は伊藤博文首相の信頼を得て、後藤が台湾民政の全般を担うことになる端緒となった。彼が民政長官に推されるに当たって、いささかの危惧を示す井上蔵相であったが、後藤による「台湾統治救急案」に接し、彼が単なる一専門技官にとどまらず、独特の見識を持っていることを知った。その民俗慣習尊重論のごとき、警察制度論のごとき、科学的経営論のごとき抜本的考察に感心し、さらに事業公債案には一驚して後藤の民政長官就任を納得したと思われる。

（市川元夫）

板垣退助（一八三七—一九一九）

板垣退助（いたがき・たいすけ）

高知出身。江戸藩邸詰から山内容堂御用役を務め討幕運動を推進、戊辰戦争で東山道先鋒総督府参謀。維新後は、一八七一（明治四）年新政府参議、一八七三（明治六）年征韓論で大久保利通らと対立、西郷隆盛らとともに辞職。翌年江藤新平らと民選議院設立建白書を政府に提出、自由民権運動を推進。一八八一（明治十四）年自由党を結成、総理となり、翌年遊説中岐阜で刺客に襲われ負傷、愛知県病院長後藤新平の手当を受ける。一八九〇（明治二十三）年立憲自由党に参加、翌年自由党と改称して総理となる。一八九六（明治二十九）年第二次伊藤博文内閣内相となり、翌年後藤新平衛生局長に監獄衛生制度に関する意見書を書かせる。一八九八（明治三十一）年憲政党が結成され、隈板内閣内相となるが、四カ月で総辞職、一九〇〇（明治三十三）年憲政党解党、立憲政友会の結成を契機に政界を引退、以後社会事業に取り組んだ。

板垣が後藤に出会ったのは、明治十五（一八八二）年四月六日に起こった岐阜での彼の遭難に際して、名古屋から駆け付けた愛知県病院長の後藤の治療においてであった。後藤は、治療しながら、板垣からルソーの話を、あるいは板垣の皇室中心の態度などを見聞した。のちに板垣は後藤を評して、「彼《か》の国手《こくしゅ》は少し毛色の変わりたる人物なり。惜しむらくは、彼をして政治家たらしめざるを」と語ったという。この板垣遭難と大胆な治療をした後藤のことは、マスコミによって大きく報道された。またこの時、板垣が後藤に語ったルソーの話などは、のちに後藤が著わした『国家衛生原理』に影響を与えた可能性がある。

次に板垣が後藤と直接関係したのは、明治二十九（一八九六）年、板垣は内務大臣として、衛生局長の後藤に獄制改良について衛生上の意見を求めた時であった。後藤は相馬事件（藩主監禁事件で後藤は精神法医学の立場からかかわった）での未決囚として約半年の牢獄生活を体験しており、その後、臨時陸軍検疫事務官長を経て衛生局長に返り咲いたばかりであった。板垣はそういう後藤の経歴をも踏まえて獄制上の改良についての意見を求めたのであった。これに対して後藤は、監獄が「一大精神病院」であると規定し、犯罪は社会に免れ得ない疾病であり、その原因は精神の変調に在るから、心性の帰善を奨励するとともに、大いに体力に注意して、良習慣を養成させることが必要だと説いた。

（西宮　紘）

大倉喜八郎（一八三七―一九二八）

大倉喜八郎（おおくら・きはちろう）

天保八年、新潟県新発田の名主・質屋の三男に生まれる。少年期、儒家・丹羽《には》伯弘《はっこう》の元で陽明学を学ぶ。十八歳で江戸に出て丁稚となり、やがて武器に目をつけ銃砲店を営み、次第に頭角を現すようになる。明治五年、私費で欧米を視察、外国との直接取引の必要を痛感、大倉組商会を設立、明治七年にロンドンに支店を置く。やがて、渋沢栄一と親交を結び、明治十一年東京商法会議所を設立、その後渋沢らと帝国ホテルや帝国劇場を創設。大倉商業学校を東京（現・東京経済大学）、大阪、ソウルに創設、アジアの仏像などを集めた日本初の私立美術館・大倉集古館を創設、渋沢を援助して東京市養育院の常設委員になるなど、教育・文化面でも精力的に活躍した。朝鮮・台湾・中国で合弁会社を次々と設立、日中対等の経営を目指した鉱山・製鉄の合弁会社「本渓湖鉄有限公司」、朝鮮人小作農の育成に腐心した「朝鮮大倉農場」などには、アジア主義の精神が発揮されている。少年期から始めた狂歌は生涯の芸となり、膨大な狂歌を残し、浄瑠璃の一種・一中節にも熱中し歴史研究まで行った。大倉の主宰する「感涙会」という文化交流の場に、後藤は幾度も参加。

後藤と大倉は日清戦争後の「軍夫救援」問題以来の知己であるが、伊藤博文と後藤との密談の場を向島別邸に幾度も用意し黒子に徹し、アジア通の先輩として後藤を陰ながら援助し助言してきた。晩年の後藤は、シベリア沿海州、水稲米作に最も適したハンカ湖付近の百万町歩の農耕地に二十五万以上の日本人農民を移植し、これをソビエト政府に認めさせようとし（「東洋政策一斑」一九二七年、『世界認識』藤原書店）、最後のロシア訪問（一九二八年）で東洋担当のカラハンと「沿海州拓殖」の折衝を行った。これは実現されなかったが、その目論みは遠大なものである。日本の強圧的統治から逃れる朝鮮人が急増し、関東州・満洲に移住、ことに沿海州では百万の移住者が米作に成功していた。後藤は、ソビエト政府の朝鮮人農業移民奨励を見越し、日本農民を沿海州に土着させ、朝鮮農民との共存共栄をバネに、ロシアと日本の友好親善を円滑化し、難題の朝鮮問題、日中の満蒙問題の解決を計ろうとした。このユニークな案の背後に大倉の対朝鮮・中国の意味深長な実践があったことは、後藤の追悼文から分かる。

「朝鮮の文化事業でも、集古舘でも、帝国ホテルでも利益は二の次にして始め（略）対外事業としては本渓湖でも満蒙投資でも翁一流の理想から出発した大胆さが見られ（略）よく儲けてよく使った人である。翁の対中国策はいつも口頭親善ではなく経済親善の実行であった。そこが月並みの富豪とは違った非凡な所である（略）翁の即興の狂歌は一家をなして堂に入っていた（略）翁を知って以来数十年の間、大きな会合ではほとんどいつも実業界最高齢の長者としてその円満なお顔を拝見」

大倉と後藤とは、単なる実業家と政治家との関係を超えて、国際的な経済・文化交流の構想を共有し、芸の面でも血のつながった関係を持っていたのである。

（鈴木一策）

山県有朋（一八三八―一九二二）

山県有朋（やまがた・ありとも）

山口出身。中間《ちゅうげん》（雑卒）の身分に生まれる。松下村塾に伊藤博文らと学ぶ。奇兵隊に参加。戊辰戦争では北陸道鎮撫総督、会津征討総督の参謀となる。一八六九（明治二）年に渡欧し、各国の軍事制度を視察。陸軍卿となり参謀本部の設置、軍人勅諭制定に携わる。西南戦争では徴兵軍を率いて士族中心の西郷軍を鎮圧。八三（明治十六）年内務卿に就任、市・町村制、府県制、郡制を制定、明治政府で官治の中心となる。第一次伊藤内閣の内相として保安条令を公布。八九（明治二十二）年、第一次山県内閣成立、翌年の第一回帝国議会で、「主権線」（国境）のみならず「利益線」（朝鮮半島）確保のために軍事予算の拡大を説く。二次にわたって内閣を組織するが、明治三十三年義和団事件収拾後に退陣、以後元老として首相の選定・重要政策決定に参画。伊藤暗殺後は元老としての権勢をふるい、諸内閣の死命を制した。

明治政界における伊藤博文に対する一方の大物山県有朋と後藤新平との関係は、後藤の内務省衛生局時代、とくに相馬事件にかかわったころにはよくなく、のちに緊密になっていったとはいわれるものの、しばしばぎくしゃくした。後藤民政長官による台湾事業公債案を当時の山県内閣をして承認させるについて紆余曲折があり、規模を減少することで落着した。そして第二期事業計画案を元老山県に納得させるのも容易でなかった。

一九〇六（明治三十九）年、後藤が満鉄総裁に就任することをためらっていたのは、戦争が終わった以上、満洲経営について軍部の圧迫干渉の加わることをおそれていたからであった。現に、満洲の鉄道・炭坑の経営は私設会社でやるべしとして阪谷蔵相によって作られた南満洲鉄道株式会社条例に対して、陸軍、とくに山県有朋は反対した。しかし、西園寺内閣は阪谷案どおり遂行、後藤も、満鉄総裁が都督府顧問を兼ね、軍部を抑制するという担保を得たことで総裁就任を受諾した。

アメリカ政府の派兵兵力限定案を容れて、後藤外相はシベリア出兵に踏み切るが、ハルビンのホルワット白軍政府援助問題では、山県が積極的でホルワットを担いで、シベリア独立の主謀者にしようとしたのに対して、真向から反対した。

自治についての考え方を見てみると、山県は、地方自治は国家機能を円滑に働かせるための基礎であるとする官治的自治論者であった。一方、後藤にとっては、自治は自治体に限らず、広くさまざまな組織、たとえば、同業組合、産業組合、青年団、教育団体、宗教団体などで営まれる活動の心棒となるべきものであった。

（市川元夫）

長与専斎（一八三八―一九〇二）

長与専斎（ながよ・せんさい）

肥前出身。十七歳で緒方洪庵の適塾で蘭学を学び、そこで福沢諭吉と知友となる。のち、長崎に出て、ポンペ、マンスフェルドに蘭医学を学び、松本良順や司馬凌海と相識る。一八七〇（明治三）年、長崎医学校大学少博士となり、翌年東京に出て、中教授文部少丞を命ぜられるが、七一（明治四）年岩倉具視一行に随い欧米視察。七三（明治六）年文部省に医務局が設けられ、局長となる。二年半後、医務局が内務省に移管されるとき、これを衛生局と名づけ、自ら初代衛生局長となる。コレラ流行を機に衛生行政の拡張を目指し、局中に技師として後藤新平、北里柴三郎を入れ、両者をドイツ留学させる。元老院議官・貴族院議員。長男称吉は胃腸病院開設、のち大日本私立衛生会会頭。四男祐吉は岩永家養子となり、のち通信社畑を歩み、その弟善郎は作家となる。

長与は九州大村藩の藩医の長男であったが、適塾で学び福沢諭吉と知り合い、また長崎の蘭医にも学び、明治四（一八七一）年東京に出た。岩倉具視一行に加わり欧米の実情を調査した結果、国民の生活保護は国家行政の重要機関なることを学んだ。明治五年、文部省医務局の局長となり、二年半ののち、事務が内務省に移管されるとき、『荘子』庚桑《こうそう》楚《そ》篇《へん》より「衛生」の語をとり、衛生局と名づけ初代局長となった。長与は衛生局の組織拡大に務めたが、明治十年、十一年、十二年とコレラが大流行、人々は衛生事業の重要性に気付き、予算もつき本格的衛生制度の確立に踏み出した。そんな時、さまざまな新しい建策をする愛知県病院の後藤新平に目をつけ、明治十六（一八八三）年一月、内務省御用掛に抜擢した。十日後には後藤を局長代理として熱海に療養中の岩倉具視の許へ送りこんだ。次いで衛生局事業拡大のため、地方巡視を重視し、後藤をその任に当てた。さらに衛生局試験所を開設、後藤を初代所長とした。こうして後藤は、「長与局長の懐刀」と称されるようになった。

明治十六年十二月、「医師免許規則」が公布され、後藤は医術開業試験主事として地方を巡回した。ここでは漢方医の猛烈な反対に遭遇する。明治二十年、慶應義塾で塾長問題が起こり、福沢は長与から後藤を紹介されたがこれは沙汰止みとなった。明治二十三年四月、後藤は二年有余のドイツ留学に出発した。留学中、長与は病のため局長を辞任、後藤が帰朝するまでのつなぎとして荒川邦蔵を局長に任じた。こうして、後藤は明治二十五（一八九二）年十一月、内務省衛生局長となったのである。

（西宮　紘）

安田善次郎（一八三八―一九二一）

安田善次郎（やすだ・ぜんじろう）

富山出身。明治・大正期の実業家で銀行王と呼ばれ、安田財閥の祖。一八五八（安政五）年江戸へ出て銭両替商に奉公。一八六二（文久二）年鰹節商に入婿、銭投機に失敗し離縁。一八六四（元治一）年銭両替商安田屋として独立。一八八〇年安田銀行設立。次第に一大金融網を築き上げ、一九一二（大正一）年安田系企業を統轄する合名会社保善社を設立。浅野総一郎、雨宮敬次郎らの事業を援助。後藤新平が東京市長のとき都市研究会の会合で意気投合、東京市政調査会設立に資金提供を約した直後、大磯の別荘で右翼・朝日平吾に刺殺された。その後安田家から資金が提供され、日比谷公会堂建設や市政調査会が設立された。

安田は、後藤が内務省衛生局長に復帰したころ、後藤と面識があったようだ。後年、彼は後藤市長に「男爵（後藤）がまだ内務省に御奉職の時分と思う、救貧と防貧の機関に付いての御意見を伺ったことがあります。私は当時から其の御趣旨に同感でありました」と語っているからである。明治三十九（一九〇六）年七月、安田は満鉄創立委員になった。のち、大正八年、野村龍太郎が満鉄総裁であったとき、満鉄は倒産の危機を迎え、そのとき安田は、翌年にかけて建て直しに尽力している。

大正四（一九一四）年四月十五日、大倉喜八郎が向島別邸で「感涙会」を催したとき、安田と後藤は阪谷芳郎とともに出席し、大倉の一中節を鑑賞した。

大正九（一九二〇）年十二月には、安田は後藤の東京市長就任に尽力した。翌年三月、後藤は東京市政調査会設立の資金を得るために、麻布本町の自邸を、安田グループの東京建物に売却しようとしたが、七月、安田はその資金は自ら出すと申し出た。のみならず、後藤の東京改造八億円計画にも全面的に融資すると約束した。しかし、安田は、九月二十八日、大磯の寿楽庵で朝日平吾に刺殺されてしまった。その事を聞いた後藤は、思わず、「シマッタ！　国家のために真に金を使ってみたいと考えている安田翁に、心ゆくまで金を使わせてみたかった」と長嘆した。

（西宮　紘）

渋沢栄一（一八四〇―一九三一）

渋沢栄一（しぶさわ・えいいち）

　埼玉県出身。生家は小農家であったが、父の代に藍玉の製造販売を手がけ富農となった。漢学・武芸を修めながら家業に励む。二十二歳で江戸に出て尊王攘夷思想に触れ、横浜外人館焼打ちを計画するが実行を断念。のち一橋慶喜に仕え、同家の兵員募集や産業振興などに尽力するが、慶喜の将軍職就任に失望する。一八六七（慶応三）年慶喜の弟昭武に随行してパリ万博に参加、各国の産業、インフラ、金融などの発達に刺激を受ける。幕府崩壊後帰国、一時、慶喜の静岡藩で経済基盤づくりをはかり、合本組織による経済活動を考えた。六九年、新政府大蔵省に入り、合本主義を説く『立会略則』を著わし、近代的銀行業や会社制度を準備するうち、まもなく退官、実業界に転ずる。自ら創設した第一国立銀行を活動の中心としながら、日本の近代産業の育成全般に関わっていく。渋沢が関係した会社は五〇〇に及ぶといわれ、「道徳経済合一説」に基づくビジネス活動は現今も注目され、国際協力や社会貢献に直接つながる活動についても評価されている。

後藤新平の仕事と渋沢栄一がつながる始めは、後藤民政局長が四十二歳で設立した台湾銀行と台湾鉄道会社の創立委員に渋沢が名を列ねたときであろう。七年後の一九〇六（明治三十九）年後藤が満鉄総裁就任を受諾したあと、創立第一回委員総会が開かれた際、渋沢は定款調査委員であった。その渋沢にして、アメリカ鉄道王ハリマンによる満洲鉄道買収話が持ち上がったとき、一時賛意を表明したが、結局、日本による経営が保たれると、渋沢は一転、第一回株式申込みに対する配分について敏腕をふるった。

一九二〇年末、政治の中枢を離れていた後藤の許へ、東京市政刷新のためとして市長への出馬要請がきた。市長就任を固辞する後藤に対して、彼の自治への熱意を熟知し、自らは実業界を退き、社会貢献事業に専念している渋沢栄一が翻意を促すこととなる。渋沢は自らが院長をつとめる、生活困窮者、困難をかかえる幼少者たちのための施設「東京養育院」を理解してくれるのは、あなたしかいないとして説得した。このことも後藤を市長就任に動かした要因の一つと伝えられる。

未曾有の関東大震災に遭遇、後藤内相は渋沢に対し、彼が副会長をつとめる労使協調組織「協調会」の迅速な援護活動を要請した。渋沢は即座に応じ、会を動員して一週間にわたる炊出し、情報案内所の設置、病院づくりなどを行った。また渋沢は「帝都復興審議会」の中の意見対立を調停し、後藤の帝都復興計画が、縮小されながらも審議会を通過し、議会に提出されるよう努力した。

政・官界の異才、あるいは野の人後藤と実業人渋沢との間で、時に意見を異にしながらも節度を失わない交流がつづいたのは、両者ともに、公共へのまなざし、自治への志向を持ちつづけたことによるだろう。

（市川元夫）

土肥樵石（一八四二―一九一五）

土肥樵石（どい・しょうせき）
熊本出身。書家。元熊本藩士。名は直康。幼少にして細川藩の藩校・時習館に入り、のち和田耕雲について書を学び、欧陽詢や懐素石の風を尊び、その流風を修め、一家をなすにいたる。しかし、書家であるだけでは満足せず、同じ熊本の漢学者・元田永孚の門に入って経書を学ぶ。元田の教えを受けながら、二十七も年上の元田に書を教えることもあった。維新後、つとめていた地区の戸長を辞し、酢づくりで生計を立てようとしたが、うまくいかなかった。明治天皇の侍講となった元田にうながされ、上京。宮内省に出仕し、高官夫人や華族女学校で書を教えるようになる。官を退いてからは神田猿楽町に住んで書道を教え、門人数千人と伝えられる。その書は各体とも自由自在であったが、ことに草書と仮名は絶妙だった。息子土肥春曙は、坪内逍遥の文芸協会の中心的俳優で、わが国のハムレット役者第一号といわれる。

後藤新平と書家土肥樵石とのつながりを推測してみると、後藤の岳父・安場保和の熊本人脈が浮かび上がる。熊本出身の漢学者元田永孚を明治天皇の侍講に推したのは、元田とともに横井小楠に学んだ安場であり、その元田が土肥を東京に呼び寄せる。後藤と和子夫人は、土肥の書に心酔、書道を習うことになったと思われる。

後藤新平はいい字が書けると、しばしば和子夫人を呼び寄せ、「土肥の翁《おやじ》さんが泣くような立派なのができたぞ！」といって、いま書いた書を示したとのこと。新平が台湾総督府民政長官時代、建築物や橋などに書かせた字はほとんど樵石の揮毫によるものだという。

（市川元夫）

伊藤博文（一八四一―一九〇九）

伊藤博文（いとう・ひろぶみ）

山口出身。吉田松陰の松下村塾に学ぶ。一八七八（明治十一）年大久保利通横死後、政府の中枢に位置し、一八八五（明治十八）年内閣制度を創設、初代首相となり、帝国議会開設等に努力、以後、四回内閣を組織、他方、立憲政友会を創立、総裁となり、一九〇三（明治三十六）年総裁辞任後は元老として最重要政策決定に関与、一九〇五（明治三十八）年韓国統監府初代統監。後藤新平は第二次伊藤内閣の時、一八九五（明治二十八）年七月に児玉源太郎を介して初めて伊藤と会見、以後、種々の建議、書簡を呈し、特に満鉄総裁在任中の一九〇七（明治四十）年九月厳島で伊藤に「新旧大陸対峙論」を提示、その実行を伊藤に求めた。伊藤はそれを実現しようと、一九〇九（明治四十二）年十月、ロシア蔵相ココフツォフと会談のため渡満、ハルビン駅で安重根に暗殺された。

明治二十八（一八九五）年七月十日、臨時陸軍検疫事務官長であった後藤は、部長の児玉源太郎に伴われて、第二次内閣首相の伊藤に初めて面会した。後藤の方から社会立法論を論争してみたいという願いからであった。後藤は労働疾病保険法や工場法を持ち出し、伊藤からはステート・ソーシャリズム論やチャリティーなどの話が出た。同年八月十五日、後藤は伊藤に建白書を呈して建設的社会制度の整備、特に清国からの賠償金の一部をそれに充当し、救貧疾病保険等の施設を行なうよう求めた。さらに、衛生局長に復帰すると、十二月七日、第二の建白書を呈して賠償金のうち三千万円を帝室の御料に納め、その幾分かを救恤資として下賜するという案を建議したが、伊藤内閣崩壊で葬り去られた。

さらに、第三次伊藤内閣の時も、より精細に法案化したものを伊藤に呈したが、後藤は台湾総督府民政局長として衛生局を去ることになった。

日露戦争終結にあたり、台湾経営を経た後藤は、満鉄総裁となるが、その頃、伊藤は韓国統監であった。明治四十年九月、両者は厳島の旅館岩惣で、国家の大策について縦横談を試みた。後藤はまず大アジア主義を主張、伊藤はその言動は慎重にと諭す。次に後藤は新旧大陸対峙論を説いた。伊藤は初めのうちは反対していたが、最後には理解し、他言をせぬようと後藤に念をおした。後日、向島の大倉別邸で再度論じ合い、ロシアの宰相ココフツォフと伊藤との会談が計画された。これが後にハルビン駅頭での伊藤遭難という結果をもたらしたのであった。

（西宮 紘）

阿川光裕（一八四五―一九〇六）

阿川光裕（あがわ・みつひろ）

東京生まれ。伊勢の菰野藩士で、岡田俊三郎のち阿川光裕。官吏。安井息軒の門下で漢籍を学ぶが、孫子呉子の兵法を好む。安場保和に識られ、安場が大参事として一八六九（明治二）年胆沢県に赴任すると史生として同伴。安場が書生とした後藤新平を預かり教育。後藤に医学を勧め須賀川医学校に入れる。その後東京紙幣寮にあったが、安場が愛知県令となるや、明治九年一月、十一等出仕として名古屋に赴任、警部長となる。その縁で後藤も愛知県病院に転じ、阿川宅に一時寄宿。のち、熊本県阿蘇郡長を経て一八九六（明治二十六）年、台湾総督府民政局事務官として転任、翌々年、台湾民政長官となった後藤と再会、後藤の土匪招降策に協力。明治三十二年休職、東京に帰る。

阿川は安場から預かった覇気満々たる後藤新平を厳しく教育した。安場は阿川に「ただ彼の性を変えないで、本然のままに育ててあげてもらいたい」と注意していた。阿川は「孫子は兵書というよりも修身書だ」と教えたり、安場については「人の行動を見てその良いところ、悪いところを見分けて、それを鑑に自ら戒める」人だと評し、あるいは「易に対時育万物《ときにたいしてばんぶつをはぐくむ》という語がある。これが聖人の仕事の目的だ」と教えて後藤を感激させたが、後藤の名古屋時代に医学書生を自宅に集めて養成するのを「対育舎」と称したのは、この阿川の教えからきたものであった。

阿川が熊本県阿蘇郡長をしていたところ、後藤は衛生局長であって、後藤の建策で台湾に阿片漸禁政策が実行されることになり、その実行行政官として阿川が選任された。阿川は台湾に赴任すると台湾の実態調査を行ない、「土匪」なるものの実情にも通じるようになり、「土匪」政策は強圧政策よりも懐柔手段によるのが良いと考えていた。また台湾人の間にも通じていった。

そこへ後藤が総督府民政局長（のち民政長官）となって赴任してきたのだ。そして「土匪」招降策を実行したとき、阿川は後藤に再会、「土匪」招降策に役立つ台湾人辜顕栄を紹介した。のちに、後藤は阿川を台南県知事に推薦したのであるが、阿川は「このおいぼれに（略）東京へ帰って煙草屋をやるさ」と言って、瓢然として台湾を去ったのであった。

（西宮 紘）

石黒忠悳（一八四五―一九四一）

石黒忠悳（いしぐろ・ただのり）

弘化二年、越後出身の平野順作の子として福島に生まれる。幕府代官石黒良忠の養子となる。陸軍軍医制度・近代医学教育・看護婦養成に功績。幕府医学所で学び教官となる。維新後大学東校（のちの東京帝大医学部）で教鞭をとる。一八七一（明治四）年創設された軍医寮に入る。米国に留学、南北戦争下の戦時病院等を研究。一八七七年西南戦争の際設置された大阪陸軍臨時病院長に就任。一八九〇年陸軍軍医総監・医務局長。日清戦争時、大本営陸軍部野戦衛生長官。日本赤十字社創設、長く社長（第四代）を務める。枢密顧問官。若い時から実業家の大倉喜八郎と親交があり、大倉商業学校（現・東京経済大学）の創設にも協力。

石黒が後藤の名前を知ったのは明治三年、大学東校（医学部）の教え子で須賀川病院長・塩谷退蔵からで、その後名古屋の横井軍医を訪ねたときに直接会い、「後藤という男は非凡なところがあると感じた」という。西南戦争が勃発すると、後藤は大阪陸軍臨時病院で働くことを希望した。石黒は「その学術研究の熱心な志に感激し」外科病室で働いてもらうことにした。石黒の推薦もあって後藤は長与専斎衛生局長の勧めにより上京、内務省衛生局に入った。これ以後の後藤の人生において石黒の果した役割は比類なく大きいものであった。後藤のドイツ留学、帰国後の衛生局長就任、そして相馬事件で後藤が非職となったのちも支援している。後藤が無罪となるや石黒は大本営のある広島に後藤を呼んで、帰還兵の検疫の仕事をさせるべく児玉源太郎陸軍次官に働きかけた。石黒はこのときのことをこう回想している。

「余は児玉次官に向かって、「しからばここに一人の適任者がある。ただいま余の宿に泊まっている後藤新平だ」と言うと、児玉次官はいろいろのことを余に訊ねた末、「先日まで入獄していた後藤では困る」と言われるから、「とにかく本人に会って見給え」と言うと、「それもそうだ、今夜よこしてくれ給え、逢ってみよう」ということになったので、その夜直ちに後藤君を児玉次官の許へやった」。このとき、児玉は大蔵省主計官の阪谷芳郎の意見も聞いて、後藤の起用を決めたという。

検疫終了後、後藤が衛生局長に復帰したとき石黒は「今後当分は半睡半醒で」いることを勧め「なお引続き、世を驚かせるような事業をなされる」と、かえって「前途の遠大な目的を失うことになるのではと心配して止みません」と後藤に書き送っている。石黒は後藤の「前途」について、「愚考では、台湾新地に向かってその技量を伸ばされることが最も適当と存じられます」とも書き送っている。

（春山明哲）

後藤勝造（一八四八―一九一五）

後藤勝造（ごとう・かつぞう）

横浜で外国貿易実務を経験した後、開港景気にわく神戸で、鳥取藩の藩米の回送にも当る回漕問屋「松尾松之助」に入店するが、店主が亡くなり、廃業。

翌明治十年蒸気汽船問屋・後藤勝造本店（現・後藤回漕店）を創業し、貿易ならびに海運業の傍ら後藤旅館も始める。後藤新平はこの宿を神戸での定宿とし、名称を自由亭ホテルと改めることを提案。当時の気運に乗り、板垣退助も定宿にするなど大変繁盛する。また、新平の助言で、明治三十年神戸駅に関西初の高級フランス料理店「みかど食堂」を開店。山陽鉄道急行列車の食堂車営業を開始し、大成功を収めた。これにより、明治三十四年、自由亭ホテルをミカドホテルと改名。明治三十九年さらなる事業拡大を目指し、新館をジョサイア・コンドルに学んだ河合浩蔵の設計で建設したが、大正五年、勝蔵が逝去。その借財返済のため、ミカドホテルは旧財閥鈴木商店に売却され、鈴木商店の本社となる。この建物は大正七年の米騒動時に二万人の暴徒による焼き討ちにあい、消失した。

台湾では、引受け手のない台湾総督府の各種事業を請け負い、台湾全島と内地および海外とに運送網を張り巡らせ、明治四十一年神戸のミカドホテルによる「台湾鉄道ホテル」を開業。

二代目、鉄二郎は食堂車事業、回船事業をさらに発展させ、勝造の起こした企業は現在も多くのプラント輸出などを担って活動を続けている。

二人の後藤の初対面は明治十六年だという。姓は同じだが、血縁はない。

新平二十六歳のこの年、彼の周辺には多くの変化があった。それまで公立愛知病院長兼医学校長であり、医者の道を進むかに思われていたが、同年一月からは内務省出向となり、生活の場を東京に移した。間もなく父・実崇が故郷水沢で逝去。三月には母と姉を呼び寄せ、麹町三番町に一戸を構え、さらに九月には安場の次女和子と結婚している。

内務省衛生局照査係副長となった新平は出張先神戸の宿・後藤旅館の主人、勝造と出会う。勝造は新平より九歳年上。自ら創業した回漕問屋の社章に以前の店主、松尾家の「マ」と「つ」を図案化した「丸マ」を使い続けている勝造に、新平は信頼できる人柄を感じ取ったのではないだろうか。新規事業に意欲的で、「なんでも屋」の異名を持つ勝造と気が合い、以降、新平は神戸での宿をここに定めた。後藤旅館の名称を「自由亭ホテル」に、さらに「ミカドホテル」と変えるよう勧めた話などが語り継がれている。

明治三十一年新平が四十一歳で初代民政長官となると、前任者たちがてこずっていた台湾にすぐに進出したがる者もない。勝造は台湾丸マ・後藤組を率いて、総督府の各種事業を請け負い、日本統治期台湾における海陸運の草分けとして、全島に運送網を張り巡らせ、台湾と内地との連絡を担い、新平を助けた。また、三十二年、山陽鉄道が食堂車営業を始めたものの軌道に乗らなかった時には、自由亭ホテルが後を引き受け、新平の理想とする快適な汽車の長旅を支えた。

宿屋の主人と客として始まった二人の関係は、互いの権力や財力を利用し合う関係などではなく、理想の実現に骨を折る新平に勝造が手を貸すことが、勝造の後藤回漕店の繁栄へとつながった。　（河﨑充代）

桂 太郎（一八四七―一九一三）

桂太郎（かつら・たろう）

山口出身。軍人政治家。参謀本部独立に尽力。日清戦役後の一八九八（明治三十一）年以降各内閣の陸相となり、一九〇〇（明治三十三）年の義和団事件には積極的に出兵を策す。翌年第一次桂内閣を組織、日英同盟を締結、日露戦争後の非講和運動に総辞職、一九〇八（明治四十一）年第二次桂内閣の時、後藤新平も逓相として入閣、鉄道院総裁を兼任した。その間、韓国を併合、社会主義・無政府主義を弾圧、一九一一（明治四十四）年総辞職。翌年、伊藤博文の遺志を継いで後藤とともに欧米視察に出るが、天皇不予のため帰国、その年第三次内閣を組織、後藤も再度逓相兼鉄道院総裁となる。護憲運動が広がり、桂も立憲同志会を結成するが、一九一三（大正二）年二月総辞職、まもなく病没する。

後藤が桂太郎に身近に接するようになったのは、明治二十九（一八九六）年四月、衛生局長後藤が兼台湾総督府衛生顧問となって、六月に桂が第二代台湾総督となって伊藤博文首相、西郷従道海相、後藤を伴い、台湾・南中国を視察したときであった。翌々年、後藤は第四代台湾総督児玉源太郎の下に台湾民政局長（のち長官）となって、台湾経営に没頭、明治三十七（一九〇七）年には桂首相に財政政策・軍国経営の大策を建白している。のち後藤は満鉄総裁を経て、明治四十七年、桂より入閣の交渉があり、七月十四日、第二次桂内閣に逓相として入閣、新鉄道院総裁も兼ねた。後藤は桂の官邸によく通ったが、その事について、桂は「一日のうちに三度も四たびもやって来るが、そのたびに違った意見を持って来るが、一つくらいは大層いい意見があるので、私はつとめて会うようにしている」と尾崎行雄に語っている。翌年の十月二十六日、伊藤博文がロシア宰相ココフツォフとの会談直後、ハルビン駅頭で狙撃され横死する。明治四十四（一九一一）年八月、桂内閣が辞職、後藤も野に下るが、桂に伊藤横死の因となった由来を語り、それでは伊藤の遺志を継ぐべしと、翌年七月、桂と後藤は訪露の旅に出る。しかし明治天皇不予の報せで帰国を決意、帰途天皇崩御を知る。

十二月、第三次桂内閣が成立、後藤も逓相兼鉄道院総裁となるが、護憲運動の嵐の中で、翌大正二（一九一三）年二月あえなく総辞職となった。この間桂は政党の必要を痛感、立憲同志会を立ち上げ、後藤も加わり党勢鼓舞のため地方を遊説するが、四月九日、桂は病臥、十月に病没すると、後藤は立憲同志会を脱退した。後藤にとっては、桂あっての立憲同志会であったのだ。

（西宮　紘）

浅野総一郎（一八四八―一九三〇）

浅野総一郎（あさの・そういちろう）

明治維新の二〇年前、一八四八（嘉永元）年、越中は氷見に近い藪田の村医者の子として生を受けた。姉夫婦に男子が生まれ、氷見の町医者の養子となったのが六歳。黒船来航の年である。医者になるべく厳しく学問を強いられ、十三歳で義父の代診を行うが、コレラ患者の死ぬ姿に震え上がり、実家へ逃げ帰った。養父は日本刀をひっさげて、追ってきたが、村の肝入りの山崎善次郎の取りなしで、浅野家に戻る。十四歳で少年事業家。十九歳で庄屋の入婿となるも、企画した「産物会社」は失敗し離縁。その後の商売も行き詰まり、一八七一（明治四）年、逃げるようにして上京。

「夏の水売り」、「冬の薪炭」と早朝から働き、石炭商として成功。この頃、ガス局が捨てたコークス、コールタールに着目。コークスを燃料化し、深川のセメント工場に売り込む。その働きぶりは渋沢栄一の耳にも届き、初めての出会いは明治九年。信任を得、一民間人でしかなかったものの、官営セメント工場の払い下げを受ける。しだいに渋沢からビジネスパートナーとみなされ、様々な仕事に取り組み、近代基幹産業の多くの始祖となる。最盛期の浅野傘下の会社は日本セメント、東洋汽船、沖電気、磐城炭坑、南武鉄道、関東水力電気、浅野物産、東京湾埋立会社、日本ヒューム管、浅野造船所、関東運輸など三一社、帝国ホテル、サッポロビールなど株主としての会社も含めれば七〇以上の企業に深く関係する。他、浅野学園では多くの人材を世に送っている。

浅野総一郎と後藤新平の接点はまず衛生局であろう。浅野はガス局から随時出る廃物・コールタールを買い取っていたが、コレラ予防の消毒薬の原料として突然、売れ出したのが明治十四年。愛知医学校長兼病院長であった後藤が、衛生局採用の内命を受けたのが明治十五年であった。その後、ドイツ留学を果たした後藤は国民の衛生状態向上を目指し、それには下水道設備の普及が必要であった。浅野は大正十年、特許を取得し、日本ヒューム管（株）鶴見工場、台湾工場を設立。日本及び台湾は下水道先進国である。

後藤は明治二十八年、台湾総督府衛生顧問となる。当時、日本海運同盟の代表であった浅野との交流は密度を増す。浅野が外国航路・東洋汽船を立ち上げる際、後藤は有力政治家の間を走り回り、「航海奨励法」の意義を説いた。その後も、浅野の事業への信頼は続いた。東京市長となった後藤は東京を世界に恥じない都市にしようと決意。また安田善次郎は浅野の築港や道路舗装事業に自分の夢を重ね、「浅野の事業は百年残る」と、安田は後藤を訪ね、金融面の全面協力を約束し、東京の都市構想を練っていた。

大正十二年九月一日、未曾有の大災害、関東大震災が起き、無線で救援を求めたのは、横浜港停泊中の大阪商船のロンドン丸や東洋汽船のコレア丸などで、当日の夜にはサンフランシスコへ、また、関西の各府県知事へ、また、大阪朝日及び大阪毎日宛に次々に正確な情報が伝わった。震災での大混乱の直後、後藤新平は、直ちに、内務大臣となり、帝都復興院総裁となる。こうして立てられた都市計画は環状道路などが充実し、今日の東京の基礎を描いた計画であった。後藤は無線の素晴らしさに着眼し、大正十四年三月、日本ではじめてラジオ放送が始まった。大正十三年の浅野の銅像の除幕式に後藤も出席。浅野と後藤は共に中村天風の説法を聞いたり、尾崎行雄邸で健康に関する講演会を共にするなど、私的交流も深かった。（新田純子）

益田　孝（一八四八—一九三八）

益田　孝（ますだ・たかし）

新潟出身。三井財閥創業期の経営者。一八七四（明治七）年井上馨とともに先収会社を起こす。井上の政府入りで同社は三井組国産方と合体、一八七六年三井物産となり、雇われ社長として日本最大の貿易会社に育てる。三井財閥の近代化に貢献した中上川彦次郎が一九〇一年亡くなると、三井合名の最高経営者となる。また、渋沢栄一、大倉喜八郎、浅野総一郎、安田善次郎らと組み、いくつもの会社を作り、近代資本主義の基盤確立に貢献した。益田は満鉄創立委員会に渋沢、大倉、浅野、安田らとともに名を連ねている。

明治三十二（一八九九）年一月、台湾民政長官後藤の音頭取りで台湾銀行創立委員会が設立され、益田はその委員に加わり、会合で両者は面識をもった。児玉総督と後藤は、台湾産業における製糖政策を推進することにし、事業経営者として三井を選んだ。後藤は上京して、三井物産の益田にこの計画を諮った。益田は、藤原銀次郎、鈴木藤三郎、山本悌次郎の三者を台湾に派遣してその調査を命じた。結果は事業を起こすに適しないというものであったが、児玉・後藤の、三―五年補助金を出すから引き受けろという強引な説得で、ついに台湾製糖会社設立が決定したのであった。

明治三十九年八月、益田は満鉄創立委員会に加わり、明治四十四（一九一一）年四月、後藤逓相主導の広軌鉄道改築準備委員会にも加わり、調査特別委員となった。他方で、益田は明治三十七年に三井呉服店を三井家から分離して三越を設立させたが、三越の重役室には後藤も出入りしていた。また、益田は茶人でもあり、その茶会には後藤も招かれていたようだ。

後藤が東京市長となる大正十一（一九二二）年十二月、知人岩原謙三が後藤ら四人を正式な茶会に招待した。しかし、岩原は、「彼らは茶客ではない、午餐を供するだけだ」と言う言葉を聞いた出入りの道具屋がその言葉を益田に告げ口した。午餐の会は行なわれたのだが、のちにたまたま汽車で後藤に出会った益田は後藤に、岩原の「扱いを甘受されるつもりか、それとも大いに抗議されるつもりか」とそそのかした。それで後藤らの抗議によって、岩原は正式な茶会を催さざるを得なかった。また、益田に対する慙愧の念からも益田のための茶会も行ったのであった。

（西宮　紘）

近藤廉平（一八四八―一九二一）

近藤廉平（こんどう・れんぺい）

徳島出身。大学南校・慶應義塾に学び、一八七二（明治五）年三川商会（のちの三菱商会）に入社、岩崎弥太郎の薫陶をうける。二十五歳で吉岡鉱山事務長代理となり不採算鉱山を優良事業にする。高島炭鉱外元取締役をへて三菱横浜支店支配人となる。三菱海運が競争相手の共同運輸と合併して日本郵船ができると、三代目社長となり、以来四半世紀社長。一九一八（大正七）年貴族院議員。翌年のパリ講和会議に海軍顧問として出席。そのほか日清汽船、麒麟麦酒、横浜ドック、猪苗代水電など多数の会社に関係。政界の黒幕・杉山茂丸ら六人と後藤新平を応援する「悪友会」をつくり、月に二回会合、後藤を激励した。妻の従子は弥太郎の従妹である。

後藤が満鉄総裁になる頃、政界の黒幕と称せられた杉山茂丸が中心となって「悪友会」なるものが組織された。これはひらったく言えば後藤後援会とでも言うべきもので、毎月一、二回集まって後藤に各種の建策をし、引き続き書画の批評、暴飲暴食をする会であった。近藤もこれに加わっていた。会員は茂丸や近藤のほかに、加藤正義、岡崎邦輔、室田義文、岩原謙三、金杉英五郎、その他五、六人であった。この会の関係で、後藤と近藤とはお互いによく知り合っていたのだ。

満鉄創立委員会にも近藤は名を連ねていた。しかし、何といっても、近藤が後藤のために働いたのは、大正九（一九二〇）年十二月、後藤を東京市長に就任させるために、市会の有力者たちとともに、交渉委員の一人となって立ち回ったときであった。床次内相と原首相に面会して、後藤就任の後押しを懇請したり、藤山雷太と二人で元老山県に懇請したりした。後藤の内諾を得ると、そのことを市役所に乗り込んで来ていた東京府の大海原職務管掌に報告して、府への退去を促したのであった。

（西宮　紘）

児玉源太郎（一八五二―一九〇六）

児玉源太郎（こだま・げんたろう）

山口出身。陸軍軍人。少壮期、戊辰戦争から西南戦争まで戦場に従軍。その勇敢さから、児玉の名は陸軍部内に知られた。一八八五（明治十八）年、参謀本部局長に。それまでは軍隊の教育、訓練などの実務の場で過ごしている。陸軍中枢部に属してからは、軍制改革など近代的国防軍への発展に貢献する。

一八九四―九五（明治二十七、八）年の日清戦争講和後の帰還兵検疫事業では検疫部長となり、後藤事務官長に十分な権限を付与した。

一八九八（明治三十一）年、第四代台湾総督となる。後藤を民政局長（後に民政長官）に任命し、台湾統治を遂行させた。

なお、日清戦争後より、ロシアの南下が目立ち出す。旅順、大連を租借し、一九〇〇（明治三十三）年には義和団の乱で満洲に兵を入れ、事件後も徹兵しない。一九〇三（明治三十六）年、桂は挙国一致の態勢をとるべく内閣を改造する。そして児玉を内務大臣に起用した（台湾総督兼任）。更に文部大臣も兼任する。更に参謀本部次長に。一九〇四（明治三十七）年、陸軍大将に任ぜられ、更に満洲軍総参謀長に。一九〇五（明治三十八）年、奉天会戦、および日本海戦。一九〇六（明治三十九）年、参謀総長に就任し、後藤に満鉄総裁就任を説得し、その直後に病没した。

後藤新平は、日清戦後の児玉源太郎検疫部長について語る。

終始軍務の枢機に加わり、本営の謀議に与かり、寝食かつ遑《いとま》ない身であるにもかかわらず、綽々《しゃくしゃく》として余裕を存し、事を処するに快々〔早く決すること〕流れるようで、その人に任せれば疑う所がない。ゆえに部下は争って死力を尽くすことを願い、事務は着々進捗する。

また、朝比奈知泉も一エピソードを語る。検疫事業終了後、児玉次官は、後藤に一つの箱を渡して告げる。

「この箱は君の月桂冠だ、持って行って開いてみよ」。

開いてみて、さすがの伯もこれには唖然たらざるを得なかった。箱には一杯に自分の悪口を書いた電報がつまっていた。

数百通に及ぶ攻撃の矢を児玉は防いだ。

また、台湾統治のおり、児玉と後藤の衝突を危惧する声も多かった。鶴見祐輔はこれに対して述べる。

彼は喜怒哀楽をほしいままにして一生を渡ったのである。それでいて彼は、上長に仕えることが上手であった。幼少にして阿川夫妻によく仕え、衛生局では気むずかしい長与専斎によく仕えた。

そして台湾統治の成功の秘訣について、

児玉総督が後藤民政長官をして驥足《きそく》を十二分に展ばさしめた点にもあった。しかしそれと同時に、後藤長官が、部下の官人をして、器量一杯に活動せしめた点に負うところが多い。

伯は台湾を作る前に、まず多くの人間を作ったのである。

そして後藤は児玉精神を継ぎつつ、次世代にもよくそれを伝えた。

（能澤壽彦）

山本権兵衛（一八五二―一九三三）

山本権兵衛（やまもと・ごんべえ）

鹿児島出身。薩摩藩士で祐筆兼槍術師範の家に生まれる。戊辰戦争後、同郷の先達西郷隆盛の紹介で勝海舟の薫陶を受け、開成所（幕府創立の洋学校。東京大学の発祥）、海軍操練所、海軍兵学寮と海軍軍人への道を歩みだす。派遣されていたドイツ軍艦での遠洋航海中に西南戦争を知る。「天城」艦長のあと、樺山海軍次官の欧米視察旅行に随行、一八九一（明治二十四）年海軍省大臣官房主事に任ぜられ、当時まだ陸軍参謀本部の中に含まれていた海軍軍令部を独立させた。日清戦争後、海軍における大規模な行政改革を断行。九八年西郷従道の推薦により第二次山県内閣の海相に就任、以後、日露戦争が終結するまでの約八年間、事実上の海軍トップとして存在。藩閥に属するも、政党及び国会を尊重し、立憲政友会に好意的な立場をとる。一九一三年第一次山本内閣を組織するがシーメンス事件で総辞職。関東大震災の翌日、第二次山本内閣を組織、後藤新平を内相兼復興院総裁として復旧復興に尽力するが、虎ノ門事件で総辞職。

後藤新平満鉄総裁は「文装的武備」の一施策として、旅順を文教都市にすべく、海軍鎮守府所管の工場を移管するよう、海軍の大御所で、欧州旅行から帰ったばかりの山本権兵衛に書簡を送り、工科学堂創立が実現した。

また、後藤は第二次桂内閣で拓殖局副総裁を兼ねているとき、韓国併合問題で併合を急ぐ山県、桂、寺内ら武断派に対して、漸進的に行うべしとする伊藤、井上、山本権兵衛らの文治派に近かった。結局は併合にふみ切るのだが、のちの韓国支配に対してある程度距離を保った後藤の考えがここに表われた。

このように山本に近いものを感じる後藤であったが、両者の折り合いは決定的に悪くなる。憲政擁護、閥族打破の民衆運動の高まるなか、第三次桂内閣は、議会で絶対多数を占める政友会の動きを注視し、対抗する新党立憲同志会を結成。後藤は新党結成に受け身で従った。政争は一時休戦状態となるが、山本権兵衛が政友会と連携して桂内閣を退陣に追い込む。第一次山本内閣成立。山本が桂と憲政擁護派との抗争に乗じ、突如として躍り出し、政権を奪取したのを、忠臣蔵の定九郎が与市兵衛の懐中より財布を奪い去ったことにたとえ、後藤は山本内閣は「定九郎内閣だ」と言った。

大正十年、原敬が暗殺され、政界は流動化、さまざまな政界工作が展開するなか、山本と後藤は和解する。山本に大命下り、組閣は関東大震災による惨禍のなか行われる。後藤は第二次山本内閣を一党一派に依存せず「挙国一致の健全なる国民内閣」として樹立すべきとしていたが、非常事態に直面、入閣を決意。内相として、復興院総裁として後藤の渾身の仕事が展開する。

（市川元夫）

北里柴三郎（一八五三―一九三一）

北里柴三郎（きたさと・しばさぶろう）

熊本出身。医学者・細菌学者。細川藩校時習館に入寮後、熊本医学校入学、オランダの医師マンスフェルトに学び、一八七五（明治八）年に東京医学校（現東京大学医学部）へ進み、予防医学を生涯の仕事と決意する。卒業後、長与専斎が局長であった内務省衛生局へ就職。八五年ドイツ留学、R・コッホに師事。遅れて留学してきた、衛生局一年先輩の後藤新平に細菌学を教える。破傷風、ジフテリアの免疫血清療法の開発に成功。九二年帰国するが、医学校同窓の東大教授緒方正規の脚気細菌説を滞独中に批判していたことから、母校（東大）と対立、日本での活躍が限られた。この窮状を福沢諭吉が援け、設立された私立伝染病研究所の初代所長となる。ペスト菌発見、人材育成などで成果をあげるが、内務省所管となった同研究所が文部省に移管され、東大の下部組織となるや、柴三郎は伝研所長を辞し、北里研究所を起こす。狂犬病、赤痢、発疹チフスなどの血清開発に取り組む。慶應義塾大学医学部を創設、初代医学部長。大正十二年、日本医師会初代会長。

人を医する医者から国を医する医家へとの意気込みで、愛知県病院長から内務省衛生局に後藤新平が入ってまもなく、四歳年上の気鋭の医学士・北里柴三郎は入局した。最高学府を出た柴三郎は名もない須賀川医学校しか出ていない後藤を〝浅学の田舎医者〟と揶揄し、その下風に立てぬと言い、後藤は〝横文字好きの青二才〟と返す。

犬猿の仲ともいうべき二人であったが、ドイツ留学中の北里を後藤が訪ねる。後藤は衛生制度を学ぶためにベルリンへやってきたのだが、細菌学、衛生化学を学ぶようにコッホから勧められ、北里のはからいで北里の研究室で学ぶことになった。このときから両人は時に大喧嘩することもあったが、親交は終生かわらなかった。

コッホのツベルクリン発見に寄与した北里柴三郎は、帰国後、福沢諭吉から芝公園の土地提供を受け、伝染病研究所設立を計画する。設立反対の運動があちらこちらで起こるなか後藤衛生局長は北里を支援した。この私立の研究所が充実した活動をつづけ、国立となり内務省管轄であったものが、文部省に移管されるとなるや北里は所長を辞し、自前の研究所を創設、後藤はこれに反対しなかった。

北里・後藤両者の厚誼はつづき、後藤が相馬事件で冤罪をこうむり、密室監禁状態に置かれているとき、保釈願の保証人となったのは岳父安場保和と北里柴三郎であった。さらに、日清戦争帰還兵の検疫事業の際、後藤の要請で、蒸気汽缶による消毒効果を試験したのも北里博士だった。

（市川元夫）

ココフツォフ（一八五三―一九四三）

ウラジーミル・ニコラエヴィッチ・ココフツォフ（Владимир Николаевич Коковцов）

帝政ロシアの政治家。

貴族の家に生まれた。財政・予算・金融に詳しい専門家、欠点のない官僚として知られたココフツォフは、国経済省勤務を経て、一八九〇年代中頃にセルゲイ・ヴィッテ蔵相の補佐を務めた。その後いくつかの官職を経て、一九〇四―一九〇五年に蔵相になったが、帝政ロシア初の近代的内閣となったヴィッテ大臣会議には参加しなかった。一九〇六年四月末ヴィッテ大臣会議議長（首相）の退職後、イワン・ゴレムイキン、ピョートル・ストルイピン両内閣でも蔵相を務めた。一九一一年九月のストルイピン暗殺後は蔵相兼務のまま首相を務めた。軍閥と、ブロック敵対政策を推進する者との摩擦のため、一九一四年初めに首相・蔵相を辞任させられた。

退任後は伯爵の爵位を授与された。一九一七年の革命後、一時的に逮捕されて、家族とともにフィンランド、後フランスに亡命した。死去するまで亡命ロシア人社会の重鎮であり、興味深い回想録を執筆した。現在のロシアでは高く評価されている政治家である。

蔵相としてココフツォフは原則的に国庫の節約と貯蓄を大事にして、ヴィッテ風の費用拡大に反対して、冗費を省く方法を選んだ。首相としても対外政策の分野で、軍事同盟体制とブロック敵対政策ではなく、全ての列強との平和的関係の構築、政治問題の和解、経済・貿易発展のための政策を指示していた。その結果、軍閥及び官僚と一部の人々は、その政策を「けち」「弱い」と激しく批判した。

日露戦争直後、ココフツォフは極東・東北アジアでロシアの立場が弱いことを理解して、日本との友好関係を築くために努力した。後藤の一九〇八年のロシア訪問は、最初にロシア財政省の駐日代表ヴィレンキンによる提案であった。ロシア側は後藤を相手として選び、後藤も喜んで賛成した。蔵相がその提案を支持して、外相などの必要な協力を提供した。

ココフツォフと後藤は会見して、書簡を交換した。恐らく二人は「実際的」で「実務的」なタイプの政治家であり、日露友好関係の相互利益、その関係の発展の必要性を十分に理解していた。後藤とココフツォフは、一九〇九年、ロシア蔵相ココフツォフと枢密院院長伊藤博文の会談の準備に力を注いだ。会談直前、ココフツォフの目の前で伊藤が安重根に暗殺されたことは、日露関係上本当に残念な事件であった。

一九一二年の桂・後藤ロシア訪問の際、首相としてココフツォフは二人と会見したが、明治天皇崩御のためさらなる具体的な交渉は不可能になった。

ポーツマス講和条約からロシア革命までの日露関係の黄金時代における、後藤とココフツォフの役割と影響は明白である。

（ワシーリー・モロジャコフ）

下田歌子（一八五四—一九三三）

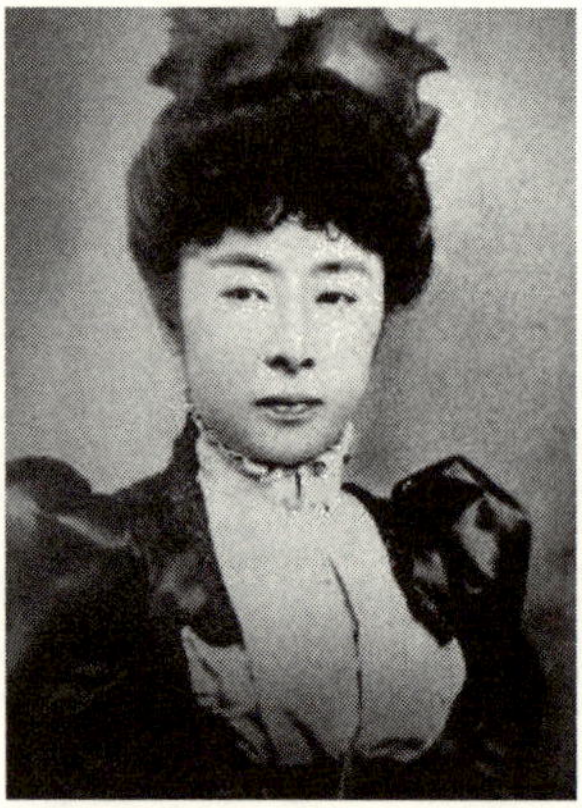

下田歌子（しもだ・うたこ）

岐阜県出身。幼名は鉐《せき》。

父平尾鍒蔵《じゅうぞう》は岩村藩士、祖父東条琴台はともに勤皇論を唱えたため、幕府の忌諱に触れ、長年に亘り蟄居・謫居中という、皇道実践精神の家庭に育つ。

西郷隆盛は、公家様式を払拭して豪邁な帝王を育成しようと、宮中の大粛清を敢行し、女官の権勢を削るために、諸藩士の娘たちから適任者を物色した。一八七三（明治五）年、十九歳で宮中に出仕。最下級の辞令ながら、皇后に可愛がられ、周囲も驚く累進を遂げ、皇后から歌子との名を賜り、自らも名乗る。二十六歳で下田猛雄との結婚で宮中を退くまで、学事に関する女官として皇后に仕えた。

結婚間もなく、夫は病に倒れ、明治十四年、麹町に私立桃夭《とうよう》女塾を開き、政府高官の娘、妻などの教育に当たる。十七年に夫は他界。

華族女学校の設立が決まると、皇后による推挙でその主任となる。

明治二十六年四十歳の時、英国皇室の皇女教育事情を調査のため、欧米各国に出張を命じられる。欧米では女子も男子と同様の教育を受けていることに刺激を受け、それまでの良妻教育から方向転換をし、実践女学校、女子工芸学校を創設した。

明治三十九年華族女学校は、学習院にその女学部として吸収され、歌子は女学部長になるも、四十年に乃木希典が学習院の院長に就任すると、方針の違いは明らかとなり、退職に追い込まれる。以降、実践学園に専念する。

水沢の後藤新平記念館開館記念の『後藤新平追想録』（昭和五十三年九月出版）に、橘善守氏は、晩年の後藤の邸での様子を記している。政界を引退した後も、後藤邸には「文字どおり千客万来」の訪問者の多さであったとし、女性では下田歌子と九条武子を挙げている。九条武子は震災による負傷者・孤児の救援活動で、築地本願寺が日比谷公園に救護所を設置した折、その中心として医療活動を行ったので、この事業で互いに協力し合っていたのであろう。

一方、下田歌子は女子教育の先覚者として知られている。

祖母の指導の下、五歳で和歌を作り、七歳で俳句を、八歳で漢詩をものにしたという。また、幼い時、父の蟄居を解いてもらうために小金を貯め、祖母に窘《たしな》められたともいう。決して恵まれた幼少期とはいえない。詩歌の才ばかりでなく、美貌にも自信があり、かなりの野心家で、当時一旦宮中に仕えたら、終身ご奉公するものであった中、自ら胸の病らしいとの噂を立てて、退職を可能にしたという。

父が勧めた縁談の下田猛雄は無双の青年剣士であったが、時代は変わり夫は病に臥す。生計を助けるため、当時の新政府の役人の妻たちの教育に当たる。彼らの多くはなじみの芸者を妻に迎えていた。この実績を買われ、夫が亡くなると、皇后により華族女学校の主任という、当時女性が到達できる最も高い地位に推挙される。

しかし、醜聞も多く囁かれ、四十年には『平民新聞』に四十一回に亘って「妖婦下田歌子」が連載され、歌子は評判を落として十一月には女子部長の職を退いた。以来、実践ならびに女子工芸学校に専念すると同時に、清国からの留学生四十人を受け入れ、両校を合併して、私立帝国婦人協会実践女学校を組織した。後藤は後に七人の子を儲ける河﨑きみの教育を歌子に依頼している。

（河﨑充代）

星野　錫（一八五四―一九三八）

星野　錫（ほしの・しゃく）

兵庫出身。姫路藩校に学ぶ。一八七三（明治六）年景締社で印刷工となる。一八八七年米国留学、アートタイプ（コロタイプ）写真版印刷を日本人で初めて習得。帰国後、一八九〇年第三回内国勧業博覧会に写真版印刷絵画出品入賞。画報社設立、『美術画報』等雑誌発行、写真入り新聞創刊に協力。一八九六年、東京印刷株式会社設立、社長となる。渋沢栄一主宰による次世代経営者の教育機関「竜門社」の運営にも携わる。一九〇七（明治四十）年満鉄総裁後藤新平に請われ『満洲日日新聞』創刊。一九一二年衆議院議員。東京商業会議所会頭、東京事業組合連合会長、大日本製糖・日本陶料・東亜石油などの取締役。一九二三年関東大震災のとき、後藤内相の指揮下、物資供給の任にあたった。

明治三十九（一九〇六）年十一月、後藤は満鉄総裁となるや、文装的武備を整え、大陸経営を実行するに当たって、新聞の重要性を考え、明治四十年十一月、『満洲日日新聞』を発刊した。その時招いて新聞社の初代社長に据えたのが星野錫であった。英字欄を設け満鉄の事業を内外に知らしめたのである。

次に星野が、直接、後藤にかかわったのは、大正十二（一九二三）年の関東大震災の時だった。当時、星野は東京実業連合会会長であったが、三月には業務自治商工業者の大会を、両国国技館で開き、都下自治商工業者の自治を鼓舞し、この大会には後藤や渋沢栄一も出席していた。この会の本拠は商工会議所に置かれていたのだが、震災によってこれから冬に向かうというのに、何もないという人々の実情を見て、星野は内務大臣官舎にある救護事務局に向かった。そこで後藤内相に会い、「何とかして品物を方々から集めたい。それについてどうしても金がなければならない（略）二百万円もあったら」と問いかけると、後藤は「二百万円は何だが要るのだったら出すが、まあ百万円でやってくれ、足りなかったらまた出す」と言う。星野が「ただ金があっても運輸の関係で（略）鉄道省はそれについて私共の考えのようにやってくれないととうてい出来ない」と言うと、後藤は「それは何でもない、やらせる。百万円で足りなければまた出す」というわけで、この後藤の役人離れした対応の下に、星野たちは商工会議所の空地に店を開き、大量の布などさまざまな物資を超安価で提供し、それによって被災者たちは冬支度ができたのであった。

（西宮　紘）

田　健治郎（一八五五―一九三〇）

田　健治郎（でん・けんじろう）

兵庫出身。官僚、政治家。初期には各地で司法・警察関係の地方官を務める。明治十五年の頃は高知県警察本署長に任じ、そのおり剣難に遭った板垣退助の高知帰還祝賀会にも出席する。のち神奈川県庁にも籍を置く。

一八九〇（明治二十三）年、後藤象二郎逓相の勧めで逓信省に入る。一九〇一（明治三十四）年、総選挙で当選し政友会に所属するが、翌年脱党する。この年、大浦兼武逓相の下に次官となり、山県閥の一員となる。一九〇六（明治三十九）年、貴族院議員に勅撰され、その後は政治家として活躍する。

一九一五（大正四）年、大隈内閣の対華二十一ヶ条要求などへの不満から、局面打開のために、平田東助、小松原英太郎ら十数名と共に、対華政策の研究団体を立ち上げる。一九一六（大正五）年、寺内内閣逓相となる。一九一九（大正八）年、文官として初の台湾総督に就任する。一九二三（大正十二）年、第二次山本内閣農商務相となるが、火災保険問題で辞任する。二六（大正十五）年、枢密顧問官に。また実孫にニュース・キャスターで参議院議員の田英夫がいる。

明治三十二（一八九九）、三（一九〇〇）年、田健治郎が逓信次官の頃、台湾から上京中の後藤民政長官に、築地の料理屋に招待され、初対面で大いに気炎を吐き合った。また同三十六（一九〇三）年、大阪での博覧会開催のおり、茶臼山の伊藤博文別邸で、伊藤、後藤と鼎談し熱を上げた。

また、山本権兵衛震災内閣で、後藤新平内相は復興予算案を巡り、井上準之助蔵相と大いにもめた。井上は語る。内相は真青になり「私は閣僚に信用が無くなりました。私は今日限り（略）復興事務に対しては責任を持てませぬから是れで御免を蒙ります」と言って、ドンドン室外へ出て行こうとした。するど臨席の田が立って、後藤のフロックコートの裾を押さえて制した。

「まァまァ君そんな事をしてはいかぬ、（略）席に着き給え」（略）それで到頭後藤さんが其の席へ戻って来ました。

田は後藤と閣員との間の調停役をこなした。田の言葉に耳を傾けているうち、「僕は考え違いをしていた、わるかった」と、友人の忠告には素直に従った、という。

田は続ける。後藤は理性の人ではなく、情の人であったと。そして、

何か絶えず仕事を考え、次から次と独楽のように動き廻っていた。伯の生命はこの活動という二文字につきていると云っていい。（略）じっと、伯の一生を見詰めると、劇中の人物を見るような気がしてならない。

（『吾等の知れる後藤新平伯』より）

深々とした友情の絆に結ばれた両人であった。なお、大正三（一九一四）年には、後藤夫人の実家である安場家に、田の娘が嫁入りし、後藤家とも親類となった。

（能澤壽彦）

下村当吉（一八五六―一九二九）

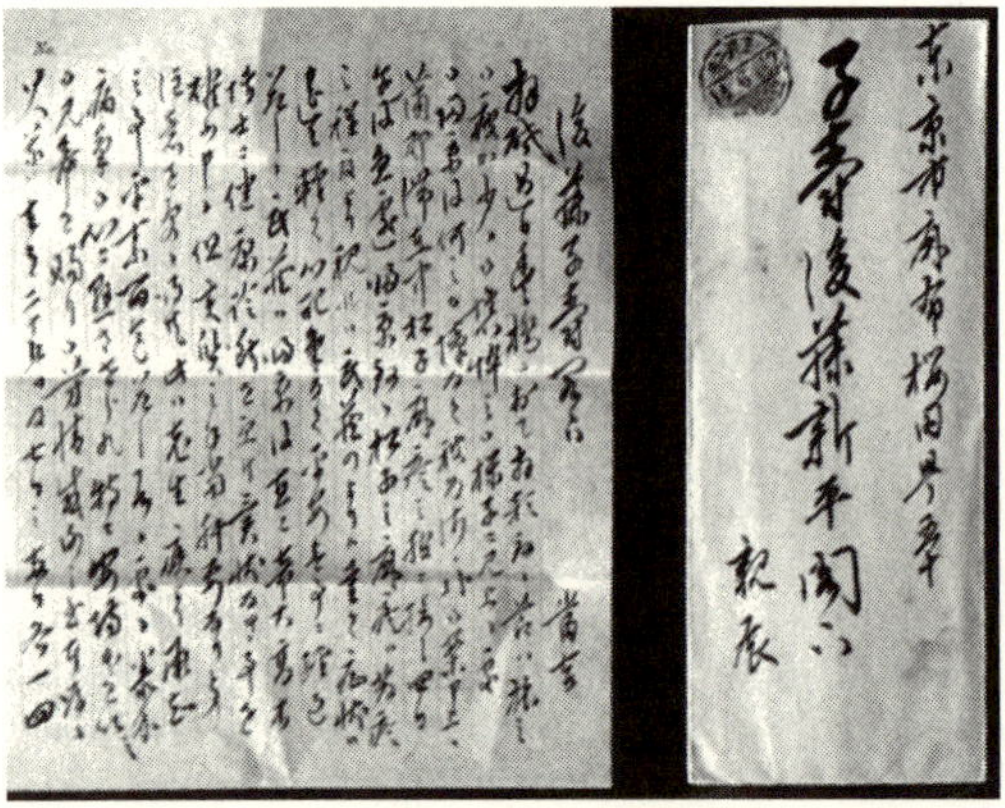

下村当吉（しもむら・とうきち）
京都出身。内務省技師として消毒所の消毒汽缶の設計などを担当。衛生局時代の後藤新平の知遇を得る。一八九五（明治二十八）年、日清戦争を勝利で終結することが確実になると、帰還兵の検疫という課題が浮上する。陸軍により臨時陸軍検疫部が設置され、後藤が事務官長としてこの建設・運営を取り仕切った。この際、後藤はこの仕事を引き受けるあたり、ただ一人下村を内務省から連れて行くことを条件に、陸軍に乗り込んだ。下村は消毒汽缶の設計、施工などの主任として、この難事業を後藤と協力してやり遂げた。

このことにより、後藤と下村の信頼関係は揺ぎないものとなり、下村の自宅は新平の京都の別宅のような存在となった。その後の下村の動向は、一九一二（大正元）年十月、後藤の台湾再訪に同行するまで知られていない。

信頼関係の証としては、新平と河崎きみとに間に生まれた、武蔵、松子の二人を預かり、嫡子として養育に当たった。

昭和三年、新平が御大典で昇叙することに決まると、下村は我がことのように喜び、自宅から式典に出てもらえるよう家に手を入れた。また、新平の最期の地が京都であったので、入院中の手配などを陰で支えた。新平の遺体が京都を離れると、下村は臥して間もなく他界した。あたかも殉死のようだと囁かれた。

凱旋兵の戦闘地域は衛生制度が整っておらず、帰還を前に、コレラによる死者数は戦闘行為による者の一・五倍をも数え、さらに赤痢ならびに腸チフスも蔓延し、病死者は戦死者の七倍にも達していた。このような状況下での帰還兵の検疫事業は世界でも前例を見ない難事業であった。

一日に六千人の検疫を可能にする規模を一カ所、三千人規模を二カ所。宇品、下関、大阪の離島での検疫施設建設は、まさしく時間との戦いであった。下村は三カ月の工事期間が、講和談判がはかどったことにより二カ月に短縮されるといった限られた時間の中、多くの障害を乗り越えて、消毒設備を完成させた。なお、消毒設備の効果を確かめる実験には、北里柴三郎があたっている。

この時を振り返って下村は「私などは睡眠不足で疲れ切って、もうこれ以上は人間わざではできませんというと、(新平は)そんなら人間以上の力を出せ！　と怒鳴られるので閉口しました」と度々語ったという。

相馬事件で収監され、内務省衛生局長の職を解かれていた新平にとって、この検疫事業の成功は一大転機であった。

後に下村が河﨑武蔵に、父として語ったところによると、新平が台湾民政長官として赴任したとき、下村も一旦は台湾入りしたが、神経質な下村は当時の台湾の劣悪な環境に我慢できず、到着早々日本に戻ったという。阿里山に登った新平の台湾再訪の旅に、下村を同行させたのも、新平は着任当時の台湾を知る下村に、民政長官としての八年間の成果を見せたかったのかもしれない。

(河﨑充代)

原敬（一八五六―一九二一）

原敬（はら・たかし）

岩手出身。司法省法学校中退、新聞記者を経て、一八八二（明治十五）年外務省御用掛。天津領事、駐仏公使館一等書記官歴任。パリにて十九世紀末の立憲主義運動とフランス流の自由主義精神に触れる。その後、農商務省に入り、一八九二（明治二十五）年第二次伊藤内閣陸奥外相の下に外務次官。退官して『大阪毎日新聞』主筆、同社社長を務める。一九〇〇（明治三十三）年、立憲政友会が結成され入党、幹事長。同年十月の第四次伊藤内閣で逓信大臣。第一次・第二次西園寺内閣および第一次山本内閣の内相を歴任。大隈内閣による一九一五（大正四）年総選挙で政友会が第二党に転落すると、総裁として活路を模索、翌年寺内内閣が成立すると中立を保つ。一九一七（大正六）年、臨時外交調査会メンバーとなり、同会でシベリア出兵に反対した。米騒動等で寺内内閣が倒れると、一九一八（大正七）年九月、政党政治家として初めて首相となり、爵位を持たないため「平民宰相」と称された。原は後藤の大調査機関構想の必要を認め、規模を縮小した案を後藤に示したが実現しなかった。一九二一（大正十）年、東京駅頭で十九歳の少年に襲われ急逝した。

大正九（一九二〇）年、後藤は第一次大戦後の国策の基盤づくりとして「大調査機関」の創設の腹を固めていた。原は総選挙を前に大政友会建設の最後の仕上げの機会を狙っていたが、彼が恐れていたのは憲政会ではなかった。二大政党外の中間勢力による非政友会連盟の結成をこそ恐れ、その中心人物が後藤であることを熟知していた。だから、原はあらゆる手段を駆使して後藤との関係を築こうとしていた。当時、後藤は有力な首相候補で待機中であり、八方から東京市長になれとの運動があっても、安易に市長になることは政界から一歩退くことになりかねなかった。元老山県と首相原との了解を先決問題としたのはそのためだった。

こうした中で、「大調査機関」をめぐっての交渉の時と同じく、原は腹心の横田千之助を使い、後藤は横田と親しい藤田謙一を使って、新聞記者や後藤の配下の者にも気づかれないような原との密談の場を設定する。夜九時に始まった密談は、別席で横田と藤田が一杯やりながら待っていたが、いつ議論が果てるか分からない。十二時を過ぎても終わらないので、二人は一時半頃に帰った。四時半ぐらいまでかかったという。その時、後藤は市長になることを決断、翌々日、総理大臣官邸に乗り込んで、原に面会、新聞発表を見込んでのことだった。後藤は、大調査機関の始末について原の口約を得、内務大臣の監督を受け、財政では大蔵大臣の許可を必要とする市長の職を、原の後援によってやり易くしようと目論んでいた。払暁まで続いた密談は、市長問題以外の国政万般におよび、両者が意気投合したことを物語るであろう。

このような関係にあった後藤は、大正十（一九二一）年、いわゆる「八億円計画」を発表後、原首相を動かそうとした。しかし、十一月四日夜、原は暗殺されてしまう。原の横死は後藤にとって大打撃であった。

（鈴木一策）

バルトン（一八五六―一八九九）

ウィリアム・K・バルトン（William Kinnimond Burton）

スコットランドのエジンバラ出身。エジンバラ・カレッジエイト・スクール（工科学校）卒業。大型船舶機械製造会社ブラウン・ブラザース社で機械工学、水理学、設計等を修得。一八八〇年ロンドンでイネス&バルトン・エンジニアーズ社設立。一八八二年衛生保護協会専任技師。一八八七（明治二十）年日本政府の招聘により来日、帝国大学衛生工学講座初代教師就任。八八年東京市区改正委員会・上下水道設計取調主任。内務省顧問技師就任、全国各都市（函館、東京、横浜、京都、岡山、下関、長崎など二三都市）の衛生調査・上水下水計画に従事。九〇年凌雲閣（浅草一二階）完成。一八九六（明治二十九）年台湾総督府衛生顧問技師嘱託、台北、淡水、基隆などの衛生調査、上下水道を計画。一八九九（明治三十二）年休暇を得て帰国する直前、東京で病死。なお、当時から現在に至るまで、「バートン」ではなく「バルトン」の呼称が一般的である。

後藤新平とバルトンとの関係は短期間ではあったが、深いものがあった。バルトンの来日直後の一八八七（明治二十）年七月、内務省衛生局技師の後藤はバルトンを案内して、函館、青森、秋田、仙台の衛生調査に出かけている。バルトンの視察報告は明治二十年十月二十九日付の『大日本私立衛生会雑誌』第五三号付録「バルトン君東北地方衛生上巡視報告」として発表されたという。後藤新平の「都市」への関心はバルトンとの交流を通じて、実践的に形成されていったのではなかろうか。

バルトンは帝国大学で多くの人材を育て、『都市の水道』という工学実務書も出版し、「日本の衛生工学の父」、「日本の上下水道の父」とも言われている。さらには、写真の分野でも日本写真会の創設、濃尾地震の写真集の出版などの業績がある。

日本の台湾領有後、内務省衛生局長の後藤はバルトンに台湾の衛生調査を依頼した。一八九六（明治二十九）年八月バルトンは台湾総督府衛生顧問技師となり、東大での教え子浜野弥四郎と共に台湾に渡った。バルトンは台北、台中、基隆、淡水から台南、高雄、嘉義、澎湖島まで足を伸ばして、足掛け四年間に及ぶ衛生調査と水道計画を行なった。台湾の近代水道の第一号は淡水水道である。これらの結果は総督府に報告されるとともに、『大日本私立衛生会雑誌』に随時掲載されている。浜野はバルトンの死後も台湾に残り、一九一九（大正八）年まで台湾総督府の衛生・土木・都市計画に従事した。浜野のもとで八田与一、高橋甚也などの優秀な土木技師が育っていった。

（春山明哲）

伊東巳代治（一八五七―一九三四）

伊東巳代治（いとう・みよじ）

長崎出身。官僚、政治家。長崎英語伝習所でフルベッキに師事して英語を学ぶ。一八七一（明治四）年明治政府の工部省に入る。兵庫県訳官を経て上京、伊藤博文の知遇を得て再び工部省出仕。七八年内務省。八二年参事院議官補兼書記官。一八八二（明治十五）年伊藤博文の欧州憲法調査に随行。帰国後、八五年伊藤首相の秘書官として井上毅らと大日本帝国憲法の起草制定に関与した。九〇年貴族院勅選議員、第二次伊藤内閣書記官長、第三次伊藤内閣農商務相、枢密顧問官などを歴任。東京日日新聞社社長にも就任。一九一七（大正六）年、寺内内閣の臨時外交調査委員会委員。第二次山本内閣の帝都復興審議会委員。

伊東と後藤とは政界ではきわめて近い関係にあった。一九一六年大隈内閣が辞職し、寺内内閣が成立する。一九一七年六月臨時外交調査委員会が設置されると、後藤、伊東、そして犬養毅の三委員は「三角同盟」と呼ばれるようになる。

関東大震災の際、一九二三年九月十二日、山本内閣の要請により伊東は「帝都復興の詔書」起草を行なっている。ところが、十一月二十四日に開催された帝都復興審議会で伊東は後藤の計画の反対者として登場するのである。鶴見祐輔はこう評している。

「彼がなぜに三十年来の親友たる伯の心血を注いだ復興案を、かくのごとく悪罵冷評したるやは、彼の長々しき反対論のみを見る者には理解しかねるところであった。(略)帝都の復興計画はついに一大挫折を見るにいたり、日本国民は、その有機体の中枢神経たる帝都を、科学的かつ芸術的に再建する機会を失ったことは、まことに遺憾であった」。

のちに、伊東は次のように述懐している。

「元来自分は、後藤伯とは、兄弟も啻《ただ》ならぬ仲で、長短共に互に知り抜いている、所謂《いわゆる》肝胆相照《かんたんあいて》らすの仲であった。伯は常人から見ると、レールを外れた様に見ゆる事もあったが、実に奇想天外より落つる底の人であった。詔勅の御趣旨を体して復興の実を挙ぐるの計画を立てるにははまり役であった。併《しか》し自分は、どこ迄も此の人の長所を発揮して、其短所弱点を補うようにしたいと思ったから、伯の来邸を求めて随分直言しては、憎まれ口も叩いたものであった」(『帝都復興秘録』)。帝都復興審議会における伊東、そしてその後の伊東と後藤の関係については、「政治の闇」の部分なのかも知れない。

(春山明哲)

横井時雄（一八五七―一九二七）

横井時雄（よこい・ときお）

一八五七（安政四）年、熊本生まれ。横井小楠四十九歳、後妻の子。小楠の一人息子。明治二年十三歳の時、上洛中刺客に襲われ父死去。明治四年、従兄・横井太平の尽力によって創設されたばかりの藩の熊本洋学校に入学。外人教師ゼーンスの感化を受けキリスト教徒となり海老名弾正や徳富猪一郎（蘇峰）らと熊本バンドの一員となる。母と小楠門下は反対、やがて上京して開成学校（東京帝大の前身）に入学、新島襄の勧めで京都の同志社に転学。明治十二年、同志社神学部卒業、日本組合教会の牧師として伊予今治に赴任、伝道に従事。数年前猛反対した母が洗礼を受け同居。同志社創立者の一人・山本覚馬の長女・峯子と結婚。明治十八年、同志社神学部教授となり、二十年東京本郷教会牧師。二十二年、欧米に留学翌年帰朝、本郷に大会堂を建てる。二十七年重ねて海外に遊び、主として米国エール大学に在学、深くマシュウ・アーノルドの文章と思想に傾倒、二十九年帰朝。三十年同志社社長、三十四年一時官界に入って逓信省官房長となるが、間もなく転じて大阪新報社に入って主筆。三十五年、外務省嘱託としてインドを視察、翌年岡山県から衆議院議員に当選。三十七年西園寺公について南満洲を漫遊、東京日日新聞主幹。四十年、日糖事件で蹉跌、政界を退き文筆に専念、一九一六（大正五）年、戦禍の欧州に渡り国民使節として活躍、大正九年勲三等に叙せられるが、熊本に帰省中脳溢血で半身不随、療養中の別府で他界。

満鉄総裁の後藤は、ロシア訪問の折、蔵相ココフツォフに、東亜案内書の英文を出版し、東洋事情を世界に紹介し、シベリア鉄道経由の旅客増加を援助すると約束した。しかし、その目的は実利的なものを超えて、日本文化と日本精神を世界に宣伝しようという遠大なものだった。鉄道院総裁となるや、ただちに『英文東亜案内』編集事業に着手。ドイツの『ベデガー案内記』を模範にしながら、美術・哲学・文芸・茶の湯・庭園・演劇・能狂言を内包し、日本の特色を各方面から詳細に説明、文化的色彩を濃厚に盛り上げた雄大な構想から成っていた。各巻五百ページ、第一巻朝鮮満洲、第二巻西部日本、第三巻東部日本、第四巻シナ、第五巻南洋（仏領インドシナ、フィリピン、蘭領インドシナ、海峡植民地）から成り、細密な地図、写真多数を挿入、予算は二十万円を超える巨額であった。各地に人を派遣、材料を集め和文で執筆させ、横井時雄が英文に翻訳、英人二名の校閲を経て印刷。明治四十二（一九〇九）年に着手、大正六年に完成。発売とともに、内外の要所には無料で配布。

大正十一（一九二二）年九月、東京市長として後藤はチャールズ・ビーアドを市政研究の顧問として招いたのだが、重要なことは、まえもってこの五巻を米国に送りビーアドに閲覧してもらっていたことだ。ビーアドはその内容に感服するとともに、英文の文体がマシュウ・アーノルドの文体だと驚いた。まさに、横井時雄はアーノルドの文体を生涯尊重していた。横井は、後藤から翻訳を依頼されると、渾身の力で翻訳し、後藤の構想を実現させた。大正八（一九一九）年初夏、外遊でニューヨークに滞在中の後藤を訪ねた安達金之助は、『英文東亜案内記』は「明治以来、日本政府の発行したすべての文献のうちで、最も世界に誇る金字塔であります」と賞賛したという。

（鈴木一策）

高木友枝（一八五八―一九四三）

高木友枝（たかぎ・ともえ）

福島出身。帝大医学部卒。福井県立病院長、鹿児島病院長を経て、一八九三（明治二十六）年北里柴三郎の伝染病研究所勤務。九五年日清戦争後の検疫でコレラ血清療法を行なう。内務省衛生局防疫課長を経て、一九〇二（明治三十五）年後藤により台湾に招かれ、台湾総督府医院長兼医学校長、ついで台北病院長、民政部臨時防疫課長としてペスト、マラリアの防遏に尽力。一九一三（大正二）年著書『台湾の衛生状態』で医学博士。台湾衛生・医学発展に多大な貢献をする。一五年総督府研究所長。一九年から二九（昭和四）年まで初代台湾電力社長。

高木が後藤の名を知ったのは後藤が愛知県医学校長兼病院長時代で、板垣遭難時の対応を新聞で読んで「やり手」だと感じたという。衛生局に入った後藤は、眉目秀麗、談論風発、竹を割ったような人で、高木はすっかり惚れこんだという。相馬事件で後藤が獄に入ったとき、母利恵のために診断書を書いたのは高木であり、日清戦争後の帰還将兵の検疫事業にも参加している。このような高木と後藤の関係を考えると、後藤が台湾総督府に赴いた時、台湾の医事衛生行政の中心となる総督府医病院と医学校長に高木を呼び寄せたのは当然であったろう。高木は台湾時代の後藤の身近にいる観察者でもあった。後年高木は語る。

「台湾民政長官時代は、後藤さんがすべて人を採用することをまかされておった。しかしながら、後藤さんが台湾に連れて行ってやろうと言って、連れて行った人はあまりない。いわば後藤さんの方から、どうぞ来てくれと頼みに行って、連れて来た人が多い。これが当時台湾に人の揃《そろ》ったゆえんである。まず新渡戸稲造さん（略）その頃の人材としては、祝辰巳《いわいたつみ》、中村是公、鈴木宗言、宮尾舜治、大島久満次、長尾半平、鹿《か》子《の》木《こ》小《ぎ》五郎、長谷川謹介、関谷貞三郎諸君のごとき、雲のごとく集まっておった。（略）そのときの時勢はつまり藩閥時代であったから、東北出身の者は手腕があっても用いられなかった。それゆえに台湾のような新領土において一つ働いてみようという考えを起したことと、一方の人材を探すということとが一致して、それで東北人が比較的多かったように私はみておる」。

（春山明哲）

斎藤　實（一八五八―一九三六）

斎藤　實（さいとう・まこと）

岩手水沢出身、後藤新平の竹馬の友。明治から昭和にかけての海軍軍人政治家。日露戦争後、第一次西園寺内閣から第一次山本内閣まで、内閣の海相。一九一九（大正八）年、原敬内閣の時、朝鮮総督に就任、三・一独立運動を受け武断的統治から文治主義へ方針転換する。一九三二（昭和七）年の五・一五事件後に組閣、内相であった一九三六（昭和十一）年の二・二六事件で殺害される。後藤は、斉藤とは一定の距離を置いて接したが、晩年の遺言としての国策は斉藤と大蔵省に勤務していた菅原通敬（不詳）との二人に託した。後藤の死去の際、斉藤は葬儀委員長を務めた。

後藤より一歳年下の斎藤は、漢学者・武下節山《たけしたせつざん》の元で、後藤とともに漢籍を学んだが、後年の回想によれば、後藤は腕白ではあるが「子どものときから何事でも先が見えるという風に違っていた」し、「政治は公明正大でなければならないと語り」晩年の「政治の倫理化運動」を先取りするようなところがあったと語っている。この回想から、斎藤は生涯にわたって後藤を圧倒的存在として意識していたことが分かる。その斎藤が首相になることを見越して、後藤は「昭和維新の端緒を開く」国策を遺言として託した。電力、保険、酒類の三つを国営にしようとするこの国策は、「国民各個人の生活基調を安泰にし」「恒久的財源を国庫に提供し」「現下の経済的危機を救済」しようとするものであった。斎藤の言によれば、「日ごろの豪快な気象にも似ず、しんみりとしかも心細い調子」であったという。死期を悟り、不自由な身体を運んで、国運民命のために、国民的遺言を竹馬の友に託した後藤の悲壮で厳粛な姿が偲ばれる。なお、菅原への遺言は、満蒙・シベリア対策、官業制度調査に必要な場所や費用の点までも細かに示すものだったという。こうして、後藤は、事務的には菅原に、政治的には斎藤に遺言を託していた。大胆な国策的遺言はみごとな人選の細心に裏打ちされていたのである。

（鈴木一策）

尾崎行雄（一八五八―一九五四）

尾崎行雄（おざき・ゆきお）

神奈川（相模国）津久井郡生まれ。慶應義塾児童局に入り、十七歳でキリスト教の洗礼を受け、自らの針路を模索しながら慶應義塾を中退。地方紙主筆をへて、一八八二（明治十五）年立憲改進党創立に参加。長期にわたり諸政党に関与し、政党政治家の道を歩んだ。閣僚としては二度の大隈内閣で、文部、司法の各大臣をつとめた。日本議会史上の異彩で、雄弁をもって聞こえ、大正元年、憲政擁護運動が勃発、第三次内閣の首班桂太郎を攻撃する演説は大正政変のきっかけとなったといわれる。

一九一七（大正六）年六月の寺内内閣特別議会では、憲政会が内閣不信任を提出、先頭に立つ尾崎は、内相後藤新平の「秘密出版物問題」を取り上げ激しく攻撃、後藤も厳しく反論した。四五年の敗戦後も、しばしば「議会政治の父」として回想されている。

尾崎行雄が東京市長在任中の一九一一（明治四十四）年七月、民間会社の経営する東京市の市内電車を市営にすることとなった。後藤新平鉄道院総裁は、その民間会社と東京市会との密接な関係が、市会腐敗の温床になっていると認識し、市営化を図っていた。また、日本の正貨準備が欠乏しているので、市営に必要な資金は東京市債として外国市場に求めようと考えていた。尾崎市長は、反対論の高まりに屈せず、市会を開いて市営化を決定、政府から市内電車買収の認可を受けた。

時は下って、第一次大戦で経済が好転するなか、衆議院に与党を持たなかった寺内内閣は政友会と結び、議会を解散、憲政会を第二党に転落させた。総選挙後の特別議会が一九一七（大正六）年六月に召集されるや、苦汁をなめた憲政会は内閣不信任案を提出、尾崎行雄を陣頭に立てて内閣を攻撃、とくに舌鋒の的となったのは後藤内相で、彼の「秘密出版物問題」が俎上にのせられた。

「秘密出版物」では、山東省、満蒙における日本軍隊及び日本人の挙動が不審感をもって述べられ、また、「支那地方官との交渉」が外務当局者でなく軍人によって行われていることが明らかにされている——こうしたことを書いた後藤は〝国賊〟といわれても仕方がないと尾崎は攻撃したのである。これに対する後藤の反論は十全なもので、内相弾劾案は否決される。このとき尾崎は対外硬派だったが、第一次大戦の戦禍に遭ったヨーロッパを見て、一貫した軍縮論者となった。

尾崎は著書『近代怪傑録』で、後藤について、「天才肌」だが「ときどき頓珍漢なことをやる」「稚気満々たる」不思議な人物と評している。

（市川元夫）

新渡戸稲造（一八六二—一九三三）

新渡戸稲造（にとべ・いなぞう）

新渡戸稲造は、現在の岩手県盛岡市、盛岡藩の上級武士の家に生まれ、明治維新後に上京して東京英語学校に学んでいたが、途中で札幌農学校に転校し、キリスト教に入信するとともに、米国人教師から米国の大学に倣った幅広い一般教育を受けた。さらに米独に留学して最先端の歴史学・経済学・農政学などの学問を身に付け、米国人のメリー夫人を伴って帰国。札幌農学校で教鞭をとったあと、米国で病気療養中に英文の名著『武士道』を著して一躍世界にその名を馳せた。日本で最初の農学博士であり、法学博士でもある。

その後、台湾総督府に招かれて糖業の近代化を図り、さらに京都帝国大学教授を経て、第一高等学校では人格主義の教育者として多くの有為な人材を育成し、東京帝国大学では植民政策の第一人者として活躍し、ジュネーブに国際連盟が創設されるとその初代事務次長として国際舞台で活躍した。帰国後はジャーナリストとして東洋と西洋の相互理解と平和のために健筆を振るい、満洲事変が勃発すると軍部の暴走を批判する一方、国際社会で孤立化する祖国を救うために一年間アメリカ各地を講演して回り、日本の立場を説明した。

明治以降、多くの日本人が海外の知識や技術を国内に持ち帰ったが、世界に向けて日本を発信し続けたという点で新渡戸の右に出る者はいない。彼こそは日本の国益と世界の平和のために行動した真の国際人であった。

新渡戸稲造の後半生は、同じ岩手県出身で五歳年長の後藤新平を抜きには考えられない。アメリカで静養中だった新渡戸を三顧の礼をもって台湾総督府に迎えたのは後藤であった。新渡戸はこの期待に応えて糖業の近代化を実現し、台湾経済の発展に大きく貢献した。この時期、台湾総督府に児玉源太郎、後藤、新渡戸という超一流の人物が揃っていたことは、台湾にとっても日本にとっても幸運なめぐり合わせであった。

新渡戸の才能を惜しんだ後藤は、彼をいつまでも台湾に引き止めておかなかった。京都帝国大学に植民政策担当の教授として推薦したのである。その後、新渡戸は第一高等学校長に迎えられ、多くの優れた弟子を育てるとともに、一高に西洋的教養主義を定着させた。

一高校長在任中、新渡戸は東京帝国大学に設けられた植民政策講座の初代教授に就任した。この講座は日露戦争後に急逝した児玉源太郎を記念したもので、その資金集めに奔走したのは後藤であった。後藤は総督府時代に、拓殖大学の前身である台湾協会学校に対して補助金を出していたが、後に新渡戸を拓殖大学の学監として送り込み、自身も学長に就任してその後の拓殖大学の発展の礎を築いている。後藤こそは日本における植民政策の教育と研究の体制を確立した功労者であった。二人はまた、当時通俗教育と称していた社会教育にも熱心で、「学俗接近」を唱えて通俗大学会を設立し、後藤が総裁、新渡戸が会長となって、軽井沢夏期大学を開催したりもしている。今でいう生涯学習の先駆者である。

第一次大戦後、後藤は新渡戸とその門下生を連れて八カ月間の欧米視察の旅に出かけた。一行がパリに滞在中、国際連盟の創設が決まって日本から事務次長を出すことになり、新渡戸に白羽の矢が立った。この人事にはもちろん後藤が関与していた。こうして国際人新渡戸の本領を発揮する舞台が用意されたのである。(草原克豪)

ゾルフ（一八六二―一九三六）

ヴィルヘルム・ゾルフ（Wilhelm Solf）

一九一四年八月、日本はドイツに宣戦布告し両国は「世界大戦」へと突き進んでいった。一九一八年ドイツが降伏し、一九一九年にヴェルサイユ条約が調印されると日本は勝者側となり、膠州湾が租借地として、そして戦前までドイツ領であったミクロネシア・マーシャル・マリアナ諸島が国際連合の委任統治として日本の支配下に入った。その後、日独関係が再樹立されるが、戦後初の駐日ドイツ大使としてドイツの新政権（ワイマール共和国）に選出されたのは、ゾルフであった。ゾルフは大学でインド学を学び、博士号取得後ドイツの植民地で官僚になった。一九〇〇年から一九一一年までドイツ領サモアの民政長官を務め、一九一一年～一八年までドイツ植民地大臣を務めた。ワイマール共和国でもゾルフの海外における経験が評価され、ゾルフが駐日大使に任命された。

ゾルフは一九二〇年八月に来日し、十二月から大使として活動を開始した。当時、外務大臣を辞任したばかりの後藤新平と初めて出会ったのは、ドイツ東洋文化研究協会（通称ＯＡＧ）が十月十二日に主催したゾルフ歓迎会の場であったと思われる。後藤は戦前からＯＡＧの会員であり、当時、日独関係の修復に大いに関心をもっていた。後藤・ゾルフ両氏は国際関係における文化交流を重視しており、ＯＡＧが日独関係において重要な役割を果たそうとしていた。

第一次世界大戦後ドイツは国際的に孤立しており、外交において政治力を発揮することは難しく、「文化外交」を重視するしかなかった。ゾルフはまさに「文化外交」の道を選び、「文化大使」と呼ばれるほど文化交流に尽力した。そして、後藤とゾルフはこの側面において大いに協力し合い、後藤はドイツ学界への寄付を星製薬株式会社の星一に呼びかけるなど、ドイツ東洋文化協会（ＯＡＧ）の再建にも力を注ぎ、後に日独協会の会長にもなった。一九二五年にドイツ・日本両国にそれぞれ「日独研究所」を設立するという計画が提案されると、ゾルフは後藤に支援調達を依頼し、二つの研究所の設立に至った。両氏の協力関係が確固たるものになった結果、後藤は一九二七年に在日ドイツ人が開催したドイツのヒンデンブルグ大統領八十歳の祝賀会で、ゾルフと共に祝辞を述べた。また、一九二八年にはＯＡＧの名誉会員になり、在日ドイツ人の間で後藤新平を知らない人はいなかったといわれる。

一九二八年十二月、ゾルフは日本での長い任期を終え帰国した。ゾルフは日本で人気が高かったのみならず、在東京の欧米人の間でも非常に高く評価されており、英字新聞の Japan Times が彼の帰国に際し特集を組み、八頁にわたりゾルフの送別会について報道し、日本の有力政治家・外交官の送別メッセージなども掲載された。著者は後藤をはじめ、元田肇衆議院議長、清浦奎吾元首相、星一、新渡戸稲造、船越光之丞（元駐独大使）、本多熊太郎（同）、入沢達吉（元東京帝国大学医学部長）等々であった。またこの中には、ゾルフと後藤新平のツーショットの写真が掲載され、見出しには“Two Internationalists”（「二人の国際人」）と書かれた。ゾルフとのツーショット写真が掲載されたのは後藤新平だけであり、この写真は両氏の緊密な関係を語るのみならず、ゾルフと後藤の政治信念も表す。

（サーラ・スヴェン）

岩原謙三（一八六三―一九三六）

岩原謙三（いわはら・けんぞう）

石川県大聖寺出身。実業家。茶人。東京商船学校卒業。三井物産に入社、社長益田孝に育てられる。三井物産ニューヨーク支店長、本店理事を経て、常務取締役となる。一九一四（大正三）年、シーメンス・ヴィッカーズ事件で、ヴィッカーズ社代理店であった三井物産の軍艦にからんだ収賄を問われ、岩原は収監された（懲役二年）。のち、益田の後押しで芝浦製作所社長になる。

一九二六（大正十五）年、東京放送局総裁後藤新平の肝入りで放送局理事長となる。

他方、「鈍翁」と号して大茶人であった益田に茶道を学び、茶人となり、「謙庵」と号した。

明治三十五（一九〇二）年五月、後藤は新渡戸らと台湾から欧米旅行に旅立った。米国では、三井物産ニューヨーク支店長であった岩原は、シカゴで彼らを迎え出た。

後藤の満鉄時代、政界の黒幕杉山茂丸が中心となって「悪友会」を結成、岩原もそれに加わった。この会は、後藤後援会のようなもので、月に一回集まり、後藤に建策してのち書画を観賞、あとは暴飲暴食する会であった。

大正九（一九二〇）年、後藤の東京市長就任運動の最中、岩原は、茶人として、後藤ら四人を十二月四日の正式な茶会に招待した。ところが岩原邸に出入りする道具屋が、「四日の客は茶客ではない。あれは唯二、四の餓鬼どもを呼び集めて午餐を供するまでの事さ」という岩原の言を聞き、それを益田鈍翁に告げ口した。午餐の会は行なわれたのだが、たまたま十二月の末、後藤市長と益田が汽車で乗り合わせ、益田が、岩原の「扱いを甘受されるつもりか、それとも、大いに抗議されるか、どちらです」とそそのかした。後藤ら四人は大いに抗議した結果、岩原は改めて正式な茶会を催さざるを得なかった。岩原は茶人としては、たびたび失敗をやるので有名で、粗忽庵とも称された。

こうした奇妙な関係にもかかわらず、大正十三（一九二四）年十月、後藤が東京放送局総裁となるや、芝浦製作所社長岩原を放送局の理事長に据えたのであった。

（西宮 紘）

阪谷芳郎（一八六三—一九四一）

阪谷芳郎（さかたに・よしろう）

岡山出身。漢学者阪谷朗盧《ろうろ》の四男として備中の郷校・興譲館の学舎に生まれる。十三歳で東京英語学校に入り、東京帝大に進み卒業後、大蔵省に入省、一八八六（明治十九）年、大蔵省主計官に任ぜられる。二年後、渋沢栄一の次女・琴子と結婚した。父・朗盧は、渋沢が一橋家家臣として兵士募集のため領地の備中を訪れた際、面会していて知己の間柄だった。一貫して大蔵省畑を歩む芳郎は、松方財政を支え、金本位制の強力な推進者であり、九七年に大蔵省主計局長、二年後に四十歳で大蔵次官となり日露戦争後の財政に当たった。一九〇六年第一次西園寺内閣蔵相となるが、予算編成をめぐる閣内紛議で辞任。一二年から一五年にかけて東京市長。一七年に貴族院議員となってからは、政府の各種審議会委員をはじめ、社会事業関係の多くの団体に関わる。日米関係委員会、竜門社、国際連盟協会、太平洋問題調査会、日米協会、明治神宮参奉会等である。

阪谷芳郎は大蔵省主計官のとき、後藤新平を日清戦争帰還兵の検疫事業に起用することについて、児玉源太郎から相談を受け後藤を大いに推奨した。以来、財政家・阪谷の協力ぶりは並々でなかった。衛生局長後藤との予算獲得交渉ではよき理解者であったし、後藤の台湾事業公債案について、時の山県内閣が反対するなか阪谷主計局長は陰になり日向になり後藤を援助した。

児玉参謀総長の急逝により後藤が満鉄総裁就任を決意したとき、第一次西園寺内閣の蔵相だった阪谷は言った。「児玉さんが非常に信頼して言われたことだし、私も児玉さんに勧めたのだから、どうか引き受けてほしい、人物とお金の御心配はあなたにはさせませんから」。そして満鉄による満洲経営に当たって、後藤が軍部の圧力を除いて民政の実をあげることに、阪谷も寄与したのであった。満鉄によるロンドンでの外債発行、国家財政のなかの満鉄財政の独自性などについて阪谷の見識が生かされた。

後藤新平は東京市長に就任した翌々年の一九二二年二月、東京市政調査会を設立、市政刷新に資せんとした。市長経験者の阪谷はこれに賛意を表し、評議員に列する。そして阪谷は、後藤晩年の政治の倫理化運動に積極的に随伴していく。

高級官僚としての階段を一歩一歩昇り、「貴族主義者」と評されるように、退官後も気位の高い阪谷が、どうして長きにわたって後藤を支援しつづけたのか。「奇闢独創」、天衣無縫といわれる、対照的な後藤の風格にひかれたのだろうか。

（市川元夫）

徳富蘇峰（一八六三―一九五七）

徳富蘇峰（とくとみ・そほう）

熊本県水俣生。本名・猪一郎。明治・大正・昭和を代表するジャーナリスト、新聞人、歴史家。父の一敬は横井小楠の高弟、五歳下の弟は小説家の蘆花（健次郎）。熊本洋学校に学び、十三歳で同志社英学校に入学、終生の師となる新島襄と出会う。二十三歳で『将来之日本』を著し論壇に立つと上京し「民友社」を興して『国民之友』『国民新聞』を創刊。藩閥政治批判と平民進歩主義の唱道により青年知識層の支持を得るも、日清戦後の三国干渉を受け帝国国家主義に転向。一八九七（明治三十）年の内務省勅任参事官就任では〝変節漢〟の誹りを受ける。

日露戦争時には桂内閣のもと国論の統一に尽力し、韓国併合後に『京城日報』を監督。翌一九一一（明治四十四）年より貴族院勅選議員。一九二九（昭和四）年『国民新聞』退社後は『東京日日』『大阪毎日』両紙に活動の場を移す。太平洋戦争を七十八歳で迎え「大日本言論報国会」の会長として戦争推進の論陣を展開。一九四三（昭和十八）年文化勲章受章。

戦後A級戦犯容疑者に指名後自宅拘禁。一九五二（昭和二十七）年『近世日本国民史』一〇〇巻完成。昭和三十二年十一月二日、熱海にて「文章報国」に捧げた一生を終えた。享年九十四。その生涯著作は三百冊を超える。

「人間の価値は奉仕する心の純潔と熱誠とに依って定まるもの」(『蘇峰自伝』)との教えを恩師・新島襄より受けた徳富蘇峰は、横井小楠や勝海舟など諸先輩より授かった「恩恵の伝承」をその言葉の中に見出したのか、訴えかけるような著作や精力的な講演活動、書簡を通じた交誼などにより、結果として有能な才を明治半ばより次々と世に送り出した。新進気鋭のジャーナリスト・蘇峰のこうした姿勢が「人をつくる」気概にかけては人後に落ちない、後藤新平の琴線に触れないはずもなかっただろう。

後藤と蘇峰の交友は、徳富蘇峰記念館が所蔵する蘇峰宛後藤新平書簡五十三通等を検証した高野静子著『往復書簡 後藤新平－徳富蘇峰 1895-1929』(藤原書店、二〇〇五年)に詳しい。互いに父(後藤は岳父)が実学党の士・横井小楠の門弟といういわば同じ背骨を持つ者同士、六歳年長の後藤と蘇峰との間に肩書き的遠慮や堅苦しさは見られない。明治四十一年、当時満鉄総裁の後藤が蘇峰に漢詩の添削を請い、その返信を手を洗い口をすすぎ「門前郵夫の到るをまつ」と綴っている。両人の間柄を示して余りあるこの書簡に、ユーモアにそっと包んだ後藤のさりげない気配りや優しさを感じるのは私だけであろうか。

蘇峰は後藤の著書『日本膨脹論』序の中で、後藤を「実行的経世家」と評した。山県有朋から贈られた扁額「言有物 行有恒」を押し頂き、戒めとした言論人の蘇峰にとって〝実行的〟こそ最大級の賛辞であっただろう。〝大風呂敷〟と揶揄されもした後藤だが、蘇峰評に違わない実行力で巨大都市と対峙したことは論を俟たない。今なお頻繁に見聞きする〝第二の後藤新平待望論〟に、その先見性は勿論のこと、蘇峰をはじめ多くの人々を惹きつけて止まなかった、後藤の人間的魅力を感じずにはおれない。

(塩崎信彦)

杉山茂丸（一八六四—一九三五）

杉山茂丸（すぎやま・しげまる）

福岡出身。政界の黒幕的存在。山県有朋、松方正義、井上馨、桂太郎、児玉源太郎、寺内正毅らの参謀役を務めた。号は其日庵。幼名を平四郎。四歳で黒田藩主・長溥の小姓として出仕し、茂丸の名を賜わる。

一八七八（明治十一）年、香月恕経と出会い、自由民権思想の影響を受ける。一八八〇（明治十三）年、初めて上京。一八八五（明治十八）年、伊藤博文に殺意を孕んで訪問するが、説得され退散する。この一件で危険人物とされ、北海道へ逃亡。同年秋、東京・芝の旅館で初めて頭山満に会い、意気投合し、生涯の盟友となる。一八八六（明治十九）年、安場保和を福岡県令に迎える運動に関わる。この年玄洋社系の福陵新報創立事務所に入り、資金面を担当（翌年発刊）。

この頃から玄洋社は資金源として筑豊炭坑に着目、安場知事の力を背景に、三井・三菱などの財閥系と坑区の争奪戦が始まる。杉山もこれに参画し、玄洋社側に利益をもたらしている。一八九〇（明治二十三）年、頭山満の紹介で、上海の東亜同文書院の開祖でアジア主義者の荒尾精と知り合う。一八九七（明治三十）年頃より、日本の経済力を高める殖産興業に関心を抱く。中核となる日本興業銀行の創設を目指し、大阪の政商・藤田伝三郎から借金し、渡米する。

なお、長男は作家の夢野久作、孫はインド緑化の父といわれた杉山龍丸。

後藤新平と杉山茂丸との出会いの時期はよく分からぬ。しかし、杉山が後藤夫人の父・安場保和と縁が深いことから、この線も考えられる。そして医師・金杉英五郎は述べる。

「後藤伯の大規模なる諸建案は天下一品であったが、これには終始匿《かく》れたる一参謀の在りしことを見遁《みのが》すことは出来ぬ。それは稀代の知謀家杉山其日庵主人である」

と。杉山は後藤を満洲から中央政界へ進出させるのに尽力した。彼は言う。自分が大連に来たのは、「実に貴下将来の身上に関する重大案件に関連するからである、この際、断然、都督府顧問は辞するが得策である」と説き、後藤伯の内諾を得て帰国した。帰国後、事は筋書どおりに進行し、後藤伯は桂内閣の逓相に就任した。

また、山県有朋と後藤との関係は、杉山が両者の間に立って、大いに斡旋していた。

さらに後藤と桂太郎の訪露中、明治天皇崩御があった。この時、杉山は後藤に長電文を送る。桂の不在が政治的大失脚の危機を孕むと予見し、後藤に警告した。

山県公には（略）、両君の御帰朝後まで、なるべく今後のことについて、混沌として要領を得ない状態を持続させるのが、国家の大幸と思い、僕一己の苦心をもって、しきりに相談を遂げておいた。

後藤の返伝の一節を記す。

幸いに老公の見られるところは、我々が憂うるところと同じであるから、右等の大事は桂公の帰朝まで、一切老公において食い止めておかれるよう、老兄畢生の尽力を望む。

国政緊張の下で、後藤と杉山の巧みな采配であった。

（能澤壽彦）

金杉英五郎（一八六五―一九四二）

金杉英五郎（かなすぎ・えいごろう）

千葉出身（本籍東京）。帝大医科大学卒。一八八八（明治二十一）年ドイツ留学、耳鼻咽喉学を修め、エルランゲン大学でドクトル・メジチーネを取得。九二（明治二十五）年帰国、高木兼寛が経営していた東京病院に耳鼻咽喉科医として勤務。東京慈恵医院医学校（現・東京慈恵会医科大学）で講義を持つ。日本橋に開業。九三年東京耳鼻咽喉会を設立。九七（明治三十）年日本耳鼻咽喉科学会会頭。大日本私立衛生会理事長。一九一七年東京市から衆議院議員に当選（一回）。臨時教育調査会委員。一九二〇年ワシントンの国際労働会議に出席。一九二一（大正十）年慈恵医専が大学に昇格、初代学長となる。二二年貴族院勅選議員。二三（大正十二）年の関東大震災で大学が壊滅的打撃を受け、その復興に尽力。

金杉はドイツ留学中の後藤新平と知り合い、北里柴三郎の伝染病研究所建設をともに支援し、なによりも相馬事件で入獄した後藤の支援をし続けたことで、終生の友となった。

「伯と野人〔金杉〕は何れも我儘者である為めに、三十年間には悪漢に中傷されたること、其他数回の行違の為に二、三年間絶交同様のこともあったが、野人が相馬事件に微力を致したること丈は終始忘れざるものの如く、昨年（昭和三年）国手会総会の節も、例に依って相馬事件の始末を説き出し、当時毀誉褒貶を度外して余を援けたる唯一の恩人は金杉君であったと落涙されたときは、野人も伯の忘恩心無きに感じ、懐旧の情制止する能わずして図らずも落涙したのであった」。

金杉はこう回顧している。

「後藤伯の大規模なる諸建案は天下一品であったが、これには終始匿れたる一参謀の在りしことを見遁すことは出来ぬ。それは稀代の知謀家杉山其日庵主人である。彼は能く親切に伯に建言実行せしめたものであった。今より二十年ほど前より悪友会なるものを組織し、毎月二回会合して先ず後藤に各種の建策を為し、引き続き書画の批評、暴飲暴食等をするのであった。その会員が杉山茂丸、故近藤廉平、故加藤正義、岡崎邦輔、室田義文、岩原謙三其の他五、六人であって、野人も会員のひとりであったが、平たく言えば後藤後援会とでも称すべきものであったのだ。此の会にては忌憚なく後藤をこきおろすものであって、後藤は不利もあったろうが利益もあったに相違ないと思われる」（金杉英五郎「後藤新平さんと拙者」）。

（春山明哲）

白鳥庫吉（一八六五―一九四二）

白鳥庫吉（しらとり・くらきち）

千葉出身。東洋史学者。文学博士。帝国大学文科大学は一八八七（明治二十）年、史学科を開設、その第一回生として入学。卒業後、学習院教授に就任。この頃から東洋史学を志す。一九〇一（明治三十四）年、ヨーロッパに留学し、ドイツ、フランス、ハンガリーに滞在。一九〇四（明治三十七）年、東京帝国大学教授を兼任し、一九二一（大正十）年に専任となり、一九二五（大正十四）年に退官する。

白鳥の東洋史学は、ヨーロッパの学者の研究を基礎にしつつ、中国史料を駆使し、朝鮮語、満洲語、モンゴル語、突厥《とっけつ》語などの言語学的アプローチを導入したところに特色があった。古代朝鮮史、満洲史の研究から入り、塞外《さいがい》と西域の研究が中心となった。学術的には西域史の開拓者として知られる。

一九〇五（明治三十八）年、アジアに関心ある学者七、八十名を東大山上御殿に集めて、亜細亜学会を組織し、一九〇七（明治四十）年には東洋協会（前身は台湾協会）と合併させ、協会内に調査部を設け、一九〇九（明治四十二）年に『東洋協会調査部学術報告第一冊』を刊行した（今日の『東洋学報』の前身）。また満鉄支社内に、満鮮歴史地理調査部を設けた。スタッフと共に、六年間で『満洲歴史地理』『朝鮮歴史地理』などの成果を挙げる。しかし中村是公が満鉄総裁を退いたのちの一九一五（大正四）年、同調査部は廃止された。

日本の東洋学を西洋の水準に至らせ、かつこれを凌駕する。これが白鳥庫吉の悲願であった。その空気を伝える彼の筆の一節がある（「後藤伯の学問上の功績」『吾等の知れる後藤新平伯』）。

西洋のことを西洋人から学ぶのならば、敢て怪しむべきことはないが、東洋のことを西洋人に学ばねばならぬというのは、甚だ遺憾なことである（云々）。

また、記す。まさに日本の勢力下に帰せんとしている満韓地方について、

西洋の学者の研究がまだ十分に試みられていないのである。（略）地理や歴史、または考古学的の研究などについては、未だ未開地のままに残されている。而もこの地域は戦争によって新たに生じた政治的形勢からも、日本人があらゆる方面について根本的な学術的研究をしなければならないところなのである。しかし、かかる研究は（略）諸方面の学者が連合協力して事に当らねばならぬ。

以上の趣旨を後藤に述べ、直ちに賛成を得た。東京・狸穴の満鉄支社内に満鮮歴史地理調査の部局が設立された。白鳥が主任となり、箭内亙、松井等、稲葉岩吉、津田左右吉、池内宏が部員となった。後藤は、大正四（一九一五）年の当部局の廃止を憂いた発言文脈の中で語った。

東洋における日本の特殊なる使命を知らしめ、そうして東洋人の東洋における活動の根本を明らかにするためには、歴史的慣習の調査というものが、植民政策に非常に必要である（云々）。

満鮮歴史調査部は、東アジア・中央アジアに対する後藤と白鳥の根本理念の一致から発した。そして両者の気概が生んだ、学術知の部局だった。

（能澤壽彦）

沢柳政太郎（一八六五―一九二七）

沢柳政太郎（さわやなぎ・まさたろう）

明治後半から大正期に活躍した文部官僚、教育家。信濃国松本藩士の長男として出生。一八八八（明治二十一）年、帝国大学文科大学哲学科を卒業してのち文部省へ入省、一八九二（明治二十五）年、修身教科書検定機密漏えいをめぐる不祥事で依願免官。一八九三年、親友・清沢満之に請われて大谷尋常中学校校長となる。以後、第二高等学校長、一八九八年、第一高等学校長を経て、三十三歳の若さで普通学務局長として文部省に復帰。一九〇六（明治三十九）年、文部次官。この間、第三次小学校令による初等教育法制の確立、小学校教科書の国定化、義務教育六年制移行、中等教育法制の整備など戦前日本の普通教育制度の土台を築き上げた。一方で、東北・九州帝大など高等教育機関の増設にもたずさわった。一九〇八年、文部省を定年退官となってからは、一九一一年東北帝国大学初代総長。このとき、帝大で初めて女子学生に入学を認めた。一九一三（大正二）年、京都帝国大学総長に就任、七人の教授を罷免しようとし教授団の反対にあう「沢柳事件」が起こる。翌年、同事件の責任を取り辞任。一九一六年、帝国教育会会長、一九一七年、私立成城小学校を創設、同校は児童の自発性を尊重した大正新教育運動の一大拠点となる。代表的著作に『実際的教育学』（一九〇九）がある。一九二六（昭和元）年、大正大学初代学長。欧米の教育事情に精通し、太平洋問題調査会、世界教育会議などの国際会議に日本代表として出席している。

大正期、信州の地で、一九一七（大正六）年にうぶ声をあげた信濃木崎夏期大学は「大学」の名を冠した日本で最初の社会教育事業である。信州人であり、ときの教育界の重鎮・沢柳政太郎は、信濃木崎夏期大学の創設に多大な貢献をなした。

地方在住の非エリートに門戸を開いた夏期大学は、平林広人という人物の構想を下書きにしている。平林は、もとは北安曇郡下の小学校長、のちに後藤が東京市長となったとき、教育ブレインとして用いるべく東京市に引き抜いたほどに、才智を見込まれた青年であった。平林の構想に、自説とする「学俗接近」の発現をみとめた後藤は、これをただちに事業化すべく金と人を集め、財団法人「信濃通俗大学会」設立に乗り出す。後藤と平林が頼りにした信州出身の在京有力者が、沢柳政太郎と伊藤長七（当時・東京高師教諭）であった。特に大学経営の経験があり、進歩的、開明的な思想をもつ沢柳の存在は大きかった。これに加藤正治（法学博士）を加えた三人が、法人理事に就任した。講座と講師は、東京で開かれる理事を含む評議委員会で大筋が決められた。講義は、自然・人文・社会科学のバランスが考慮された。講師は、帝国大学教授と官僚が多かったが、「民本主義」の吉野作造、白樺派の有島武郎、マルクス主義経済学者の河上肇が招かれるなど、ときのリベラルな思潮を反映した陣容となった。沢柳自身も講壇に立ち、「教育革新の新題目」、「国際関係」などの演題で全国からの受講者に講義をおこなった。

おりしも、のちに大正新教育のメッカとなる成城小学校の創立（一九一七年）と重なる時期で、多忙の極みにある沢柳であった。それだけに夏期大学に寄せる期待は大きかった。以来、信濃木崎夏期大学は毎年開講され、今日まで一度も途絶することなく継続されている。

（中島　純）

モット（一八六五―一九五五）

ジョン・ローリー・モット（John Raleigh Mott）

米国ニューヨーク州生まれ。十六歳で家を離れ、メソジスト系のカレッジで二年間学んだ後、コーネル大学に進む。ここでＪ・Ｅ・Ｋ・スタッドの講演を聞き、政治家になる夢を捨てて、献身を決意。一八八九年にコーネル大学を卒業すると、学生ＹＭＣＡの会長となり、学生ＹＭＣＡの家建設の資金集めを行う。以降二十七年間平信徒としてＹＭＣＡで全米ならびにカナダの大学をめぐり、伝道の大切さを説く仕事に就き、世界の学生キリスト教運動や世界教会運動の指導者として活躍する。一八九五年世界学生キリスト教連盟を結成。

一九一〇年エディンバラで開催された世界宣教会議の中心人物として活躍の後、一九一三年にエディンバラ宣教会議の継続委員長として来日。日本の宗教指導者たちに共同伝道を提案して二万円を寄付した。日本側はこれを受け、諸教派が協力し合い、三年間の「全国協同伝道」を計画。一九一四年から七七万七千人を動員し、二万七千人の決意者を生み出した。この事により、大正期の日本のキリスト教界は一気に飛躍した。

合計十回来日し、一九二五年、二六年の来日の際には日本の政財界の指導者を招いた集会で講演を行い、大きな影響を与えた。

第一次大戦中は各国の捕虜の交換で活躍。

一九二六年から一九三七年まで世界ＹＭＣＡ同盟会長。

明治四十年四月、後藤は東京で開催中の万国基督教学生同盟大会出席二十余カ国からの代表の歓迎会を、小石川後楽園に各大臣・次官・局長等四百人余りを招待して催した。ここで満鉄総裁に就任して間もない後藤は、「満洲は東洋西洋両文明の出合うところ、出会いは闘争によらず、親交によって欲しい、満洲経営の根底は、四海同胞の実現にある」と、平和主義外交を説き、キリスト教と満鉄で自分が行おうとしている仕事には、共通した世界的な意義があると語った。

この後藤の演説に感銘を受けたモットは、帰国後も度々この演説に言及したので、日露戦争に勝利を収めたものの、依然として封建的後進国と目されていた日本への認識向上につながった。一九二九年には日本政府から勲一等瑞宝章を贈られた。

後藤五十歳、モット四十二歳のこの出会いは終生変わらぬ交情の発端となり、モットは来日の度に後藤を訪問し、夫妻で一週間ほど後藤邸に滞在したこともあった。また、後藤が車中で倒れ帰らぬ人となった時も、岡山の講演会から帰宅当日、後藤を自宅に訪問する予定となっていた。

モットは、ウィルソン大統領からの中国大使就任依頼を断ったが、一九一七年、ロシアへの特別外交団には加わった。

彼は大西洋を百回以上、太平洋を十四回横断する大活躍を見せ、十六冊の著書を残し、千回以上の講演をし、数え切れない会議の議長を務めて、キリスト教の青年層に平和の大切さを説き、一九四六年には、絶対非戦論者のE・G・バルクとともに、ノーベル平和賞を受賞した。

当世一、世界を広く旅した世界で最も信頼されたキリスト教指導者といわれている。

（河﨑充代）

長尾半平（一八六五―一九三六）

長尾半平（ながお・はんぺい）
新潟出身。土木・鉄道技術者。越後国村上藩藩士の長男に生まれ、十四歳で地元の語学校に入学したが、上京、築地英語学校に通う。一八八五（明治十八）年工部大学予備門に入る。麹町教会で受洗以来、熱心なクリスチャン。工部大学校に進学し、帝国大学土木工学科を卒業。内務省に入省、山形県、埼玉県土木課長をへて、後藤新平により、九八年台湾総督府土木課長に抜擢される。台湾市区改正計画に取り組み、港湾築港や鉄道敷設などにも従事。一九〇一年ロンドンに港湾の調査のため滞在、夏目漱石と同じ下宿に居住。帰台後は基隆港湾局技師をへて土木局長心得に就任。一〇年、後藤総裁の招きで鉄道院技師に転任、業務調査会会議副委員長をつとめ、以降、九州鉄道管理局長、鉄道院理事と鉄道畑を歩くが、二〇年、後藤東京市長より東京市参与、同電気局長に抜擢される。三〇年衆議院議員。日本国民禁酒連盟理事長。教文館初代社長。

台湾統治は「生物学の原則」に基づく、すなわち現地住民の風俗習慣を重視する政治によって行われるべきとして民政長官に就任した後藤新平――彼の周辺には、自分の眼で、これと見込んだ人物が集められた。土木局に埼玉県土木課長の長尾半平を招くにあたって、彼を手離したくない県知事を説得する後藤の意気込みは、当の長尾をいたく敬服させた。

台湾時代、長尾は後藤が「あの男は鼠十字だからダメだよ」と言うのをしばしば聞いた。赤十字でも白十字でもない鼠色人間は信頼できない、輪郭の鮮明な人間を好んで用いる後藤であった。長尾は述懐する。「(後藤氏の)周囲に長くあった人は、意志の強い人が多かった」。基隆港の整備築港は台湾物資の輸出入を盛んにするための大事業で、その岸壁工事や防波堤築造は重要工事だったが、後藤は全てを長尾半平に任せた。

後藤民政長官は、台湾で文部省の管理を受けない、知識よりも人格養成に重きを置く、寄宿舎付中学校を創立、その運営を長尾に任せた。この特別中学校は結局失敗するが、後日、談たまたまこの事に及ぶと、後藤はトルストイ翁が理想的な学校を創設して、失敗したことを思い出すと言って、微笑に付したという。

後藤創設の台湾婦人慈善会の活動にも長尾は協力する。新し物好きの後藤がアメリカから活動写真を取り寄せ、婦人慈善会に巡回映写させるとき、長尾は燕尾服を着て舞台へ出て写真説明役をつとめた。

後藤主催の官邸での読書会、ウェルズの『アンチシペーションズ』をすすめられたこと、和子夫人も知識欲旺盛な読書家で、とくにアービング『スケッチ・ブック』ゴールドスミス『ウェイクフィールドの牧師』を愛読、この二冊は夫人納棺のさい収められたことなどなど、後藤への長尾の追憶は尽きることがない。

(市川元夫)

小泉盗泉（一八六七—一九〇八?）

小泉盗泉（こいずみ・とうせん）

盛岡生まれ。名は政以《まさしげ》。字は子潔《しけつ》盗泉。父は寛、母はしま。四歳で父を亡くし、祖父梅軒と母に育てられる。盛岡市小学校教員となり、かたわら詩文と仏典を学ぶ。一八九五（明治二十八）年、北海道庁雇を経て、一八九七（明治三十）年『北門新報』論説記者となる。一九〇〇（明治三十三）年盛岡に戻るが郷党の先輩の招きで同年五月、台湾に入り、『台湾日日新聞』の記者となり、「南蛮北狄」などの論文を書く。翌年初夏退社していったん東上したが再び渡台、台南県事務嘱託となる。一九〇四（明治三十七）年、台湾民政長官後藤新平と意気統合、以後、後藤の腹心として常に影のように就き従った。詩文の才に富み、漢籍や仏典に通じ、「無名の大学者」と称され、後藤の催した読書会では「支那詩の沿革」を講演、見識を示した。後藤の援助で出した詩集には四百余首をおさめている。一九〇八（明治四十一）年九月一日、忽然と姿をくらまし行方不明となり、その死は謎のままである。

小泉盗泉は名が政以《まさしげ》、学は東西に通じ、世を圧する「無名の大学者」と言われた。明治三十七（一九〇四）年、後藤が病を得て台北病院に入院していたとき、病窓の彼を訪れた盗泉は、初対面から哲学上の論戦をはじめたのである。それ以来、二人は水魚の交わりを結んだ。以後、後藤の在るところ必ず盗泉の影があった。明治三十八年八月、後藤が満洲に出張するや、盗泉も随行し、北京に赴き、大連にも相伴った。後藤が上京する際も、必ず彼が随伴した。後藤は彼を評して、「私自身がそれを文章になし得ないほど不順序に不秩序に話す。それを彼は統一し按排して、立派なものにするのみか、私の思うところを符節を合わせたように書き上げた」と言っている。

後藤が第二次桂内閣逓相となった明治四十一（一九〇八）年八月、後藤は健康がすぐれず、箱根に転地療養したときも盗泉は随伴したのだが、後藤が塩原に転地した翌日、盗泉は郷里仙台に帰省したものの、九月一日、瓢然と家を出てより、あたかも風の吹き去るようにこの世から姿を消してしまった。後藤は「（略）房州保田《ほだ》の乾坤山《けんこんざん》日本寺に寺を建ててやるから、そこへでも行って僧侶生活をやってみるがいいとまで言ったが（略）人事を尽くして天命を待つという考えからでもあったろう（略）」と痛惜した。この無名の大学者は、自ら期したように「身後の痕跡を止むることなく」この世を出離してしまったのである。

（西宮　紘）

後藤和子（一八六六—一九一八）

後藤和子（ごとう・かずこ）

安場保和の二女として熊本に生まれる（幼名カツ）。母露子。父が創立の福島小学校第一校で英語を学ぶ。一八八三（明治十六）年九月、十八歳のとき、二十七歳の内務省御用掛後藤新平と結婚。麻布材木町に父が建てた家で、安場家とともに新家庭を営む。その後、新平の名古屋時代の隠し子静子（七歳）を養女に迎える。一八九〇（明治二十三）年四月、新平はドイツ留学、その留学費用と留守宅の生活費に苦労する。相馬事件、陸軍検疫時代にもよく耐え、台湾時代には新平と部下たちの調和を心がけ、一九〇四（明治三十七）年十月、台湾婦人慈善会会長となる。満鉄時代の明治四十年五月、新渡戸夫人と外遊、翌年一月に帰国。大正天皇即位の御大礼では新平に同伴。寺内内閣時代の一九一八（大正七）年四月八日、病没。長男一蔵と愛子を儲ける。

和子は生涯、新平の癇癪に悩まされた。しかし、新平の癇癪で落ち込む部下たちをなぐさめ励まし続け、新平の旅行や出仕の身支度には極度に気を遣うなど内助に努めた。新平の生活は外面的には華やかだったが、家庭生活は極めて質素であった。客の出入も激しく、和子はそれらによく対処した。新平の母利恵子にもよく仕えたが、家庭内のいざこざには、新平がドイツ留学から帰朝したころ後藤家に入った新平の姉初勢、彼女は出戻り小姑であったものの、よく和子を助けてくれた。台湾時代、新平が東京から台湾に帰任して、台北駅で大勢の人が出迎えるのを指して、和子は一蔵と愛子に、「あれをご覧なさい。あの大勢のお出迎えの方々は、お父様をお出迎えにいらっしゃったと思ったら大間違いですよ。あれは台湾民政長官をお出迎えにいらっしゃったのですよ」と教えた。また、和子は大変な読書家で、カーライルの『衣装哲学』や、アービングの『スケッチ・ブック』およびゴールドスミスの『ウェイクフィールドの牧師』などを愛読書とした。

大正七（一九一八）年のはじめより健康を害し、腎臓病に罹っていた。そのことは良人にはおろか、一切の人々に秘していた。議会終了の日から重患の床に倒れた。米国に留学中の長男一蔵の帰国を待ちながら四月八日午後二時過ぎに永眠した。遺骸は青山墓地の、新平のために半ば残した敷地に和漢洋の愛読書十数冊とともに埋められた。

（西宮　紘）

辜顕栄（一八六六―一九三七）

辜顕栄（こ・けんえい）
清国泉州晋江県生まれ。台湾台中県鹿港育ち。黄玉書につき漢文を修める。一八八六（明治十九）年以降、上海、アモイ、香港、台湾間の貿易に従事。一八九五（明治二十八）年日本軍の台北入城、南進に協力、鹿港保良総局長として食糧の軍事輸送を担った。九六年台北保良総局長。台湾総督府事務嘱託、同評議会員、台中県知事顧問、全台官塩売捌組合長、台中庁参事、中華民国執政府実業顧問、台湾日日新報社取締役、明治製糖監査役、大和拓殖社長。台湾拓殖設立委員。一九三四（昭和九）年、貴族院勅選議員（台湾人初）。

後藤民政長官に初めて面会した台湾の青年実業家で日本の統括に協力した辜顯栄は、後藤から入獄体験を聞き漢詩を吟じて激励されたことで感激して以来、終生後藤に信服することとなった。そして、「土匪」招降策、保甲制度の導入、食塩専売、糖業政策など、統治政策について多くの進言を行なった。

「土匪」招降策について、辜顯栄は後藤にこう進言している。

「ついで余に問われた。匪賊を治めるにはどうしたらよいか。余は答えた。匪賊もまた人である。どうして治まらないことがあろうか。思うに地方がやすらかでないのは、すべて在郷紳士階級の自主的な集団防衛力をなくしたことに原因がある。そのため、匪賊は意のままに出没できるのである。もし連庄保甲の制度を援設し、協力自治させるなら、すぐに彼らはまさに自ら跡を絶つであろう」。

後藤は「余の言葉を、深く要領を得たものだとされ」たという。

「後藤長官は、私が何事に対しても一生懸命やることをほめ、政務の合間に私を迎えて談話し、世情について熱心に聴きとられた。すなわち、毎土曜と日曜には必ず官邸で会い、旧時代の制度や民間の慣習から冠婚葬祭、風俗や土地に適した作物のことまで語り、あらゆる相談にのった。長官は、自ら筆をとられてこれらのことを書き取られた。私は、政治は人情にもとづくと思っているが、台湾と日本内地とでは、人の導き方が異なっており、台湾を治めるには、必ず在来の慣例をよく汲み取ることに努めなければならず、もし誤った仕方をする者がおれば、正しい人物を採用してこれを正さなければ、治める者と治められる者との間には隔たりが生ずるという弊害が出てこようと述べると、長官は、深くうなずかれた」。

一九二九(昭和四)年春、辜顯栄は台湾から京都に行き、入院中の後藤を見舞っている。

(春山明哲)

金子直吉（一八六六―一九四四）

金子直吉（かねこ・なおきち）

高知出身。土佐藩領内の商家に生まれる。父の代に一家は没落。幼少期、砂糖店や質屋で丁稚奉公。二十歳で神戸の砂糖問屋・鈴木商店に入る。九四年に当主の鈴木岩治郎が死去、未亡人よねは直吉に番頭を委任し、事業を継続する。直後、樟脳の取引で失敗するが、よねはなお直吉を信任。九九年、製脳官営・専売制を計画していた台湾民政長官後藤新平から、官製樟脳の六五％の販売権を得て欧米にも輸出、莫大な利益を上げる。製鋼、造船、毛織、製糖、製油、海運……等々と事業を拡大。第一次世界大戦が始まり、貿易も混乱するなか、鋼鉄材料、船舶の売買で巨利を得て海外へ支店網を広げ、三井、三菱を凌ぐ大商社となる。一九一八年七月の米騒動の際、米を買い占めているとの虚報が原因で鈴木商店は焼打ちされる。大戦後の不況で打撃を受け、関東大震災発生後、政府の震災手形割引損失補償令で鈴木商店と台湾銀行は救われるが、昭和七年の金融恐慌により台湾銀行からの融資が打ち切られ、鈴木商店は倒産する。

鈴木商店の番頭役として、新たな出発をまかされた金子直吉は、早々に樟脳取引でつまずいたが、〝樟脳で必ず成功してみせる〟と奮起して、台湾民政長官後藤新平に接近する。樟脳の投機商品化を防ぐために、後藤は製脳事業を総督府直営にして、専売制とすることを計画していた。直吉の行動もあって、乱立していた製脳業者の結束はみだれ、製脳官営は実現し、販売権の六五パーセントが直吉に帰する。さらに、後藤設立による台湾銀行から融資の道も得た。——台湾総督府で出会って以来、直吉と後藤との間には数々の交流の事実があったが、それらについて、鶴見祐輔の『後藤新平』ではまったく触れられていない。鈴木側から後藤へのいわゆる政治献金の有無について「うわさ」は多いが、福沢桃介らのなかったとする回顧談も残っている。

金子直吉と後藤新平の結びつきは、米騒動において市民の誤認からくる怨嗟を招く原因をつくった。一九一八（大正七）年八月、米の買占め、米価格の騰貴をもたらす元締めとして鈴木商店が指弾され、群衆によって焼打ちされる。指弾の先鋒役となったのが『朝日新聞』の憶測記事。『朝日』は時の寺内内閣の成立は非立憲的とし、物価騰貴対策についても批判的であった。また、以前から、寺内・後藤とはさまざまな対立を重ね、とくに後藤の新聞対策について批判していた。このような経緯で寺内内閣で内相をつとめる後藤につながる金子直吉の鈴木商店は『朝日』の憶測によって指弾されることとなる。つづいて『大阪朝日』による「白虹日を貫けり」との表現が当局の弾圧を招き、朝日の論説関係者全員が退社、『朝日』は編集方針を大きく変えた。「このときから日本に新聞はなくなった」と当時を回想する人は多い。この事件については城山三郎の小説『鼠——鈴木商店焼打ち事件』が詳しい。

（市川元夫）

本多静六（一八六六―一九五二）

本多静六（ほんだ・せいろく）

埼玉出身。林学者。農家折原家の六男に生まれ、十一歳で父を失い貧困生活で苦労する。東京へ出て、埼玉の岩槻藩藩塾の師・島村泰の内弟子兼学僕となる。漢学を中心に英語などを学びながら、年の半分は郷里で米搗き仕事など農事を手伝う。東京山林学校に入学するも第一学期に落第、自殺をはかる。この辛酸をのりこえ、山林学校改め東京農林学校（東大農学部の前身）を首席で卒業。旧幕臣本多晋の婿養子となり、ドイツへ私費留学、ターラント山林学校からミュンヘン大学で学ぶ。帰国後、東京帝大農科大学で造林学、林政学を教える。鉄道防雪林の設置、大学演習林設立、建築家辰野金吾依頼の日比谷公園はじめ、都市・国立公園の設計、明治神宮の森づくりなどから湯布院の温泉まちづくりまで数多くの事業を主導する。また、その学問は行政施策等に生かされた。環境保全と開発、森林による災害予防などについて、本多の理論と実践が今日に多くの教訓を与えている。

本多静六と後藤新平の交流は二人のミュンヘン留学時代に始まる。ドレスデンに近い小都市ターラントの山林学校で短期間学んだ本多は、ミュンヘン大学へ転校、経済学のドクトルを目ざして猛勉強していた。そこへ内務省衛生技師の後藤がベルリンからやってくる。国家社会を治療する医者たるべく、政治経済を勉強したいと言う。その意気込みに圧倒されて本多は、自らの指導教授でミュンヘン大学の経済財政学の第一人者を紹介する。また、後藤のドイツ語習得のため、家庭教師役を、知り合いのドイツ婦人に引き受けてもらう。

こうして始まった二人の交流は、後藤の生涯を通じてつづく。後藤は侠気にかられてかかわった相馬事件により下獄、本多、北里柴三郎らが差入れをしたり、弁護士を頼んだり支援する。約五年後、台湾民政長官後藤は、阿里山の林業開発にあたり、本多を顧問に起用しようとしたが、本人多忙のゆえ謝辞、同学の河合鈰太郎を推薦する。また後藤はしばしば本多から海外視察の土産話を聞くことがあった。だれの場合でも、話を聞いているのか、いないのか、時々居眠りさえあったが、後藤は要所要所を頭に入れておいて、だれが、いつ、どんな新知識を持って帰ったかを忘れないでいて、必要なときに、必要なものを掬い取って活用するというふうであった。関東大震災の復興計画が練られているとき、後藤から請われて、本多はバルセロナの都市計画を基にした復興案を提示したといわれる。

本多が後藤と最後に会ったのは、後藤の亡くなる年、赤倉温泉のホテルであったと、本多の自叙伝は記す。ところで、本多の岳父・晋《すすむ》は幕臣で、彰義隊頭取をつとめ、上野の敗戦後、苦労して自らの生活を切り開いていき、いっとき、須賀川長禄寺に参禅していたことがあった。このときの参禅仲間に須賀川医学校生の後藤新平がいた。二人はその折り、ともに〝朝敵〟の立場に置かれていた日々のことを語り合っただろうか。（市川元夫）

仲小路　廉（一八六六—一九二四）

仲小路　廉（なかしょうじ・れん）

山口（周防）出身。大阪府立開成学校卒。東京地方裁判所検事、東京控訴院検事、司法省参事官、逓信省官房長、内務省土木局長など歴任。その間、司法制度調査のため米・英を視察。長州閥につらなり桂太郎・寺内正毅の知遇を得る。一九〇四（明治三十七）年内務省警保局長となり翌年の日比谷焼打事件対策に腐心。一九〇六年第一次西園寺内閣のとき逓信次官となり鉄道国有法成立に尽力。一九一〇年臨時発電水力調査局長官兼任。翌年、第二次桂内閣退陣に伴い貴族院勅選議員。一九一二年第三次桂内閣農商務相、内閣総辞職で辞任。この年桂の新党運動に参加するが、桂の死後、後藤新平らと脱党。一九一六年寺内内閣農商務相となるが米騒動で内閣退陣とともに辞任。一九二三年枢密顧問官。翌年一月、脳溢血で急死。

明治四十一（一九〇八）年七月、後藤が第二次桂内閣逓相となったとき、逓信省には次官として仲小路廉がいた。彼は後藤が検疫部事務官長となったとき、児玉源太郎部長による後藤の起用に厳しく反対したというほどのいわくつきの次官であった。「新大臣は逓信畑にとっては素人である」とうそぶいていた。しかし、この狷介なる人物の性格のうちには、人生意気に感ずる底の熱い熱情があり、他方、後藤には調和的かつ互譲的性格も多分に持っていたから、両者はいつのまにか、双方の長所美点に相牽引されて、互いに欠点を補って手を携えるようになった。鉄道院が創設されると、「オイ、仲小路たのむよ、おれはこれから鉄道に専念する」と後藤は告げ、逓信省事務は仲小路にまかせきりにしたという。

明治四十三年、逓信省内に臨時発電水力調査局を設けたとき、後藤は仲小路にその長官を兼任させ、欧米各国に差《さ》し遣《つかわ》して、約八ヵ月間、実地に調査させた。明治四十四年四月の広軌鉄道改築準備委員会の発足にも仲小路は委員の筆頭に入った。第三次桂内閣では仲小路は農商務相となり、桂が立憲同志会を創立したときも、後藤と共に会員となり、後藤が同志会を脱退したとき、仲小路も同じく脱退した。

大正四（一九一五）年、後藤が時の大隈内閣を激しく論難していたとき、仲小路は寺内正毅をかつぎ出すことを考えていた。寺内内閣では仲小路は農商務相だったが、米騒動で総辞職。震災後の帝都復興で後藤が苦境にあった時、仲小路は解散強行論を説き、ビーアドの後藤宛て書簡に涙して後藤を奮い立たせようとしたのであった。

（西宮　紘）

内藤湖南（一八六六―一九三四）

内藤湖南（ないとう・こなん）

内藤湖南は、その六十八年の生涯で、操觚者（ジャーナリスト）と歴史学者という二つの顔を持っている。郷里は秋田県鹿角郡毛馬内、近くの十和田湖に因んで湖南と号した。内藤家と母方の泉沢家は、共に学問にゆかりの家であった。長じて秋田高等師範を終え小学校で教えていたが、一八八七（明治二十）年夏、東京に出奔し、大内青巒の下に身を寄せた。ここで青巒が主宰する仏教雑誌『明教新誌』等の編集に加わり、操觚者生活の第一歩を踏み出した。一八九〇（明治二十三）年には政教社に入り、編集者として活躍、三宅雪嶺・高橋健三等の知遇を得た。その後、『大阪朝日新聞』・『台湾日報』・『万朝報』に籍を置き、健筆を揮う。後年の中国史学者としての湖南は、この操觚者時代に基礎がつくられた。

湖南の文章は大局的であり、かつ現実的である。また、王朝交替・治乱興亡といった表面的な歴史観を排し、社会の発展に基づく時代区分論を唱えた。また、独自の文化史観も湖南の魅力である。代表作『支那論』（大正三年）・『新支那論』（大正十三年）等で、中国の社会・歴史・文化を深く考察し、中国は帝制から共和制に移行するのが自然の流れであると結論づけた。同時に彼は、国民国家やナショナリズムといった既存の価値観に縛られず、西洋文明に比肩し得る坤輿文明の中の東洋文明を構想していた。一歩先を進んでいたが故に、今日でもその評価は分かれたままである。

後藤新平と内藤湖南の接点は、言うまでもなく台湾時代にある。まず湖南が『台湾日報』の記者として明治三十年四月に来台、第三代乃木希典総督以下の台湾総督府の政策批判を展開した。その要点は、なまじ「近代的」な統治制度を画一的に導入したことが、却って民心の動揺を来たし、騒擾の根本的な原因だ、との指摘にある（『内藤湖南全集』第二巻所収）。次に後藤は、台湾着任直前の三十一年一月に、「台湾統治救急案」を井上馨蔵相宛に提出、これが認められて同年三月から第四代児玉源太郎総督に伴い、民政局長（後、民政長官）として着任した。直接の影響を云々することは難しいが、後藤が現地の新聞を参考にした可能性は十分にある。後藤は、この時「生物学の法則」に従って、従来からの自治行政の慣習を恢復させることが統治の根本で「土匪」防禦の上からも必要だという。また、社会基盤の整備と共に、外国新聞を味方につけるなど、新聞操縦にも触れている。後藤が得意とした調査事業も、この時から始まった。

二人が共に台湾で活躍した時期は、僅か一カ月程に過ぎなかったが、調査事業を多用し、『台湾私法』や『清国行政法』の成果を残した後藤の着眼点と、自ら中国社会の淵源を本質に遡って深く追求した湖南とは、奇しくも同様の認識に立っていた。但し、この二人は統治の行政官と言論を事とする立場に分かれる。後藤が台湾に二紙あった新聞社の統合を進めたことも、湖南が離台に至った要因の一つとされている。

帰国した湖南は、『万朝報』の論説記者として現地での経験に基づき、度々総督府の施策を批判している。後藤が帝国議会で「大風呂敷」を拡げ、予算獲得を目指したためであろう。但し、児玉・後藤による統治方針そのものには、一定の評価を与えている。後年、湖南が後藤の人となりに敬服していたことが伝えられている。二人の共鳴は、思ったより深いのではあるまいか。

（小野　泰）

孫文（一八六六―一九二五）

孫文（そんぶん）

清国広東省香山県生まれ。一八七八年兄を頼りハワイ・オアフ島ホノルルに移住。イオラニ・スクールを卒業。八三年帰国、香港の西医書院（現・香港大学）で医学を学ぶ。マカオで開業。一八九四年ハワイで興中会を組織。九五年広州蜂起を企図するが失敗、日本に亡命。九七年宮崎滔天の紹介で玄洋社の頭山満と知合う。一八九九年義和団の乱に乗じて、恵州で挙兵するが失敗。一九〇五年東京で注五区同盟会を結成。一九一一年十月十日武昌蜂起、辛亥革命。十二月帰国、一九一二年一月一日、中華民国臨時大総統に就任。一三（大正二）年孫文来日、後藤新平は孫文一行を華族会館に招待する。一五年袁世凱帝政復活。一九一七年孫文広東軍政府樹立。日本亡命。一九二三年孫文・ヨッフェ共同宣言、一九二四年第一次国共合作。十一月、神戸で「大アジア主義講演」。

孫文と後藤新平の関係については未知の部分が多い。今後の考究が待たれる。

国立国会図書館憲政資料室には、孫文から後藤新平に宛てた書簡が四通保存されている。李廷江・中大教授によれば、後藤新平は台湾総督府民政長官在任中の一八九八（明治三十一）年以来孫文と親密となり、孫文の革命運動を援助していた、という。一九二三年九月二十一日の後藤宛書簡は関東大震災に対する見舞いの書簡である。また、同年十一月十四日はこのように始められている。

「孫文儀　閣下との御交際は久しき以前に之有り。昔年台湾にての会合を追憶し、今日迄懐中に往来し歴歴忘るる能わざる所に御座候」。

「昔年台湾にての会合」とはなんだろうか。上村希美雄『宮崎兄弟伝　アジア編（上）』によれば、一九〇〇（明治三十三）年九月二十八日、孫文は台湾に到着した。アモイ出兵の中止と山県内閣辞職の直後である。後藤は孫文来台の報に接し、「同人等の陰謀に就いて我が政府は之を妨害せらるべきか、又は不問に附し置かるべきか、予め其の方針を承り置きたし」との請訓を政府に発している。内務省は「孫逸仙の陰謀は之を妨遏する方針なり」と返電したが、なぜか児玉総督と後藤長官は、孫文に対して革命軍が必要とする武器弾薬の供給などに応じる態度を示した、という。孫文はこの支援を当てにして革命軍と鄭士《ていし》良《りょう》にアモイ進撃を命じたが、伊藤内閣は総督府に孫文支援を中止させた。かくして恵州蜂起は失敗し、日本人・山田良政が戦死した。この良政の弟が孫文の秘書で臨終を看取ったという山田純三郎である。

（春山明哲）

内田嘉吉（一八六六―一九三三）

内田嘉吉（うちだ・かきち）

東京出身。一八九一（明治二十四）年帝大法科大学法律学科卒。司法官試補から逓信省参事官、高等海員審判所理事官、逓相秘書官、一九〇一（明治三十四）年管船局長、高等海員審判所長など歴任。一九一〇（明治四十三）年拓殖局設置で部長兼務。同年八月台湾総督府民政長官。南洋協会設立。一六年寺内内閣逓信次官。一七（大正六）年都市研究会を発足させる（会長に後藤内相）。一八年貴族院勅選議員。二三（大正十二）年台湾総督。二六年日本無線電信会社社長。

『吾等の知れる後藤新平伯』は、後藤が亡くなってほどなく編まれた追悼録であるが、さまざまな思い出が語られる中で後藤という人物に多面的な光が当てられている面とともに、その話者あるいは書き手と後藤との関係のさまざまなあり方に大変興味深い側面がある。内田嘉吉の文章は「三度び伯を夢む」と題されている。夢とはなにかの例えかと思って読むと、こんな話である。

「一昨年私は亜米利加から欧羅巴を旅行したが、その間に三回伯に会った夢を見た、覚めて後心中甚だ平らかでなかった。伯の身上に異変があったのではないか、或は憂慮すべき病気等に罹られたのではないかと心配をした」内田は帰国後すぐに後藤を訪ね、元気な姿を見て安心するとともに、この夢の話をして後藤に健康に注意するよう話したというのである。

後藤と内田との関係は、日本の近代官僚システムの中で上司と部下の典型がずっと継続しているような感じを受ける。後藤が逓信大臣のときは内田が逓信省管船局長、拓殖局副総裁のときは拓殖局部長、そこから内田は台湾総督府民政長官となり、一九一〇(明四十三)年から五年間、佐久間左馬太と安東貞美の二人の台湾総督に仕えた。一九一五年内地に戻ると、都市研究会を作り後藤会長を頂き、内田は副会長となる。後藤が総裁の少年団日本連盟にも内田は加わり、パリで開かれた第二回世界ジャンボリーにも委員として参列している。

最近、日比谷図書文化館に内田嘉吉文庫が開設され、海事・航海・探検・地図など一万六千冊に及ぶ貴重なコレクションが公開された。読書人・教養人にして外国語に堪能な内田は、海外旅行家であり大蔵書家であった。後藤と内田は学術の友でもあったにちがいない。それが「夢」を見させたのであろう。(春山明哲)

飯野吉三郎（一八六七—一九四四）

飯野吉三郎（いいの・きちさぶろう）

岐阜出身。神道系の行者。東京渋谷の穏田《おんでん》に住み「穏田の行者」の異名をとる。神秘的な祈祷による「霊信」などで、伊藤博文、山県有朋、清浦奎吾、原敬、寺内正毅ら政界首脳の知遇を得る。他に後藤新平、床次竹二郎、鈴木喜三郎、河野広中、大井憲太郎、横田千之助らの政治家にも接し、政界上層に隠然たる力を持った。軍人では児玉源太郎、神尾光臣、外松孫太郎、実業家では大倉喜八郎、津村重舎（順天堂創立者）、俳優では沢田正二郎、森律子らが穏田に出入りした。

なお、同郷の先輩で女官出身の教育家・下田歌子の信任を得て、その線から宮中にも影響力を及ぼし、一九二一（大正十）年の皇太子外遊問題に介入した。かつ貞明皇后にも近づいたため、「日本のラスプーチン」と称された。他方で霊的国家主義を掲げる大日本精神団を結成。

だが、反飯野の動きもあり、詐欺横領、暴行教唆で告訴される。これは免訴となるが、苛烈な新聞キャンペーンにより社会的生命を一挙に失った。

なお、飯野の前身にも若干触れる。彼は上京し十九歳で、築地明石町の私立鈴木学校の教員となっている。教え子の一人に、画家・鏑木清方がいる。また、一八九〇（明治二十三）年に東京廃娼会が結成されるが、巌本善治、島田三郎、徳富蘇峰、森鷗外ら十五名の運営委員の一人として飯野も名を連ねる。明治中期の意外な飯野の姿である。

後藤新平と飯野吉三郎の出会いの時期は不明である。だが、日露戦争時、飯野は児玉源太郎満洲総参謀長の信任を得て従軍したとされる。飯野は戦前から児玉の私設秘書的立場だったようだ。児玉は陸軍大臣時代に、足尾銅山鉱毒事件に関わった田中正造と会談したが、飯野も同席しているので、そのあたりが窺える。ともあれ日露戦争の頃に、児玉から飯野を紹介されたと思える。

そして後藤の推薦で、官・政・財各界の有力者たちとの交流が叶う。戦前の「町の易者」は、今や隠田の地に広壮な邸を構える、天下の特異な大物となる。

後藤の飯野宛書簡の一節に、

〔ヨッフェが、〕前日私邸訪問し、貴兄奉公の治績より、日本皇室中心主義を説き、京都御所拝観をすすめし処大いに喜びくれ、心し模様之有り。（原文に句読点付加）

とある。後藤、飯野の親交の深さが窺える。また、ヨッフェ招致に絡む資料もある（静岡県庁の役人への談話）。

自分は今最も苦しき立場にあり、既に一般の知らるる通り自分は精神団の総裁にして、「ヨッフェ」の来邦に反対し居る彼《か》の赤化防止団の連中は、余を慕ひ恰かも部下の如くなり居れり、一方後藤子爵とは永年親密なる交際干係《ママ》あればなり、（略）而《しか》し後藤子をして今回失敗に終らしむるは、親友として又人物経済の上将亦《はたまた》国家的見地よりするも実に忍び得ざる所なり。（原文片カナ表記）

主義と友情との板挟み。飯野のある種切実な苦悩表明である。

（能澤壽彦）

（参考・出典、飯野官吉『穏田の神様——飯野吉三郎の風影』文藝書房、一九九七年）

中村是公（一八六七―一九二七）

中村是公（なかむら・ぜこう）

山口出身。柴野姓から養子になり中村姓となる。一八九三（明治二十六）年帝大法科卒、大蔵省入省、秋田県収税長、一八九六（明治二十九）年台湾総督府へ。台湾総督府臨時台湾土地調査局次長、局長、財務局長。満鉄副総裁から一九〇八年第二代満鉄総裁。貴族院勅選議員、一九一七年鉄道院副総裁、一八年総裁。永田秀次郎のあと東京市長。

中村是公が大蔵省から台湾総督府に入ったのは後藤が台湾に行く前であるが、台湾の土地調査事業という「資本主義の基礎工事」の基盤部分を確立し、終生を後藤とともに歩んだ。

台湾総督府医学校長であった高木友枝はこう評している。

「中村是公という人は、あれほどの人物でありながら、不思議にしゃべることの下手な人でした。大抵のことなら黙ってすます、よくよくのことは他人をして言わしめる、といったような人柄でした。ところがたった一度、この中村さんが、大雄弁をふるったことがありました。それは例の土地調査のときのことです。そもそもあの事業は、はじめから中村さんが主となって完成したものですから、後藤さんの発議で、中村さんがその報告演説をすることになりました。さすがは自分の生命を打ち込んだ仕事だけに、この報告演説は、全く一心の凝ったもので、訥々《とつとつ》とした調子ながら、実に二時間半にわたる惻々《そくそく》たる大雄弁でした。見上ぐれば、語る中村の眼には涙が光っている。聴く後藤さんをはじめ、われわれ一同も、みんな共に泣いたものでした」。

明治四十二年九月、漱石は親友の中村満鉄総裁の招きで、大連に出かけ、満洲を見聞した。この招待は後藤の満鉄PR戦略の一環とも言われている。

「余が旧友中村是公を代表する名詞としては、余りにえら過ぎて、余りに大袈裟で、余りに親しみがなくって、余りに角が出過ぎている。一向味がない。たとひ世間が何《ど》う云《い》はうと、余一人は矢張り昔の通り是公々々と呼び棄てにしたかったんだが、衆寡敵《しゅうかてき》せず、已むを得ず、折角の友達を、他人扱ひにして五十日間通して来たのは遺憾である」。（「満韓ところどころ」『漱石全集』第一二巻二三〇頁）

（春山明哲）

水野錬太郎（一八六八―一九四九）

水野錬太郎（みずの・れんたろう）
　東京出身。帝大法科英法科卒。第一銀行、農商務省を経て内務省に入り、参事官、秘書官、神社局長、土木局長、地方局長を歴任。一九一二（大正一）年貴族院勅選議員、一三年内務次官。寺内内閣の後藤内相のもとで内務次官、一八年後藤が外相に転じた後内相に。朝鮮総督府政務総監、加藤友三郎内閣内相、清浦内閣内相兼帝都復興院総裁。二七（昭和二）年田中義一内閣文相。協調会会長、産業報国連盟会長、興亜総本部統理。戦後A級戦犯として逮捕されたが四七年釈放。

水野と後藤の出会いは明治二十八年頃、後藤が内務省衛生局長に復帰した頃のことで、それ以来の後藤との関係は『吾等の知れる後藤新平伯』中の水野の追悼文「後藤伯と余」に詳しい。官僚としての水野の後藤観はさすがに「政策的観点」からバランスが取れており、水野の慧眼を思わせる箇所も多い。そのひとつは、後藤が「社会政策」こそ国家の基礎であると考え、防貧制度、社会保険の基礎を作ったことに対する評価である。

台湾統治について水野は「旧慣調査」を評価し、「是《こ》れ実に百世に伝わるべき大事業である」と言ったのに対して、後藤は「この真価を知る者は君の外はない。（略）君がこの書物を読んで僕の事業に共鳴せられたことは洵《まこと》に喜ばしきことであって、自分の事業の知己である」と得意だったという。

やや意外なのは、後藤主催の「学俗接近会」に水野が毎回必ず出席したと述べていることで、この会は毎月一回「大学方面の学者と又行政や実業の実務に当って居る人々」が集まって種々の意見交換を行なう会であった。

水野が出席していたと思われるもうひとつの会が「文士招待会」である。一九一八（大正七）年七月十五日、宮中元老会議でシベリア出兵について協議、ついで首相官邸での臨時閣議が終了したのち、後藤は麻布狸穴の満鉄社宅に赴いた。水野内相も和服で参加したこの文士招待会に集まった顔ぶれが多彩である。有島生馬、里見弴、泉鏡花、阿部次郎、和辻哲郎、久米正雄、そして芥川龍之介。水野は大学時代に小説を書いて森田思軒に叱られたという「告白談」を披露し、後藤は「相馬事件」の懐旧談を話したという。『時事新報』は、なお当夜列席すべき有島武郎、徳田秋声、谷崎潤一郎は欠席した、と報じている。

（春山明哲）

ニコライ二世（一八六八―一九一八）

ニコライ二世（Николай II）

ロマノフ朝第十四代にして最後のロシア皇帝（在位一八九四年十一月一日―一九一七年三月十五日）。

皇后はドイツ帝国連邦ヘッセン大公国の大公女アリックスで、ロシア正教に改宗しアレクサンドラ・フョードロヴナになった。皇子女としてオリガ皇女、タチアナ皇女、マリア皇女、アナスタシア皇女、アレクセイ皇太子が生まれた。ドイツ皇帝ヴィルヘルム二世やイギリス国王ジョージ五世は従兄にあたる。

百年前から現在に到るまで、その人物、行動と個人的責任は評価が分かれている。一方、その皇帝在位中、ロシアの経済、工業、貿易が驚異的な発展を遂げ、農村問題解決のための幅広い改革が行われ、文化の黄金時代であった。他方、ロシアは日露戦争に敗北したあと所謂「第一革命」の反乱を味わって、第一次世界大戦への参加が一九一七年の暴力的な革命の原因の一つになった。革命の結果として皇帝は退位した後監禁されて、のちに一家ともども虐殺された。

皇太子としてニコライは、世界一周旅行の最後、一八九一年五月に日本を訪問した。十一日に大津事件が起こった。警備にあたった警察官津田三蔵にニコライが突然斬りつけられて負傷した、暗殺未遂事件であった。唯一禍根となったのはニコライの日本人への心象であった。日本では津田と他の日本人全般を区別する発言をしていたが、この事件に遭遇して以降、彼は日本人に嫌悪感を持つようになり、日本人を「猿」と呼ぶようにもなった。

日本との地政学的、軍事的競争を注視したニコライ二世は、戦争になった時、自国の勝利を疑わなかった。ロシア陸海軍の敗戦とその後の国内反乱の危険性を考慮した皇帝は、大津事件の禍根を乗り越えて、日本との新しい政治・経済的接近を図る。

後藤は、一九〇八年五月十八日（旧暦五日）ニコライ二世との会見を許された。実務的な討議はなかったらしいが、皇帝が満鉄総裁を引見して、彼に勲章を授与したことは両国で後藤の地位と権威をあげて、日露関係の発展のためにも実り豊かなものとなった。

一九一二年に桂太郎と一緒にロシアを訪問している際、後藤は再びニコライ二世と会見することを望んでいた。ペテルブルグに至って桂と後藤は、明治天皇崩御の報告を受けた後、直ちに帰国したので、会見は実現しなかった。

後藤は、基本的に実務的な討議の方法を選ぶにもかかわらず、皇帝をはじめ最上の指導者との直接的な会見を人間関係の一つの柱として大切にした。

（ワシーリー・モロジャコフ）

藤原銀次郎（一八六九—一九六〇）

藤原銀次郎（ふじわら・ぎんじろう）

長野出身。慶應義塾卒。松江日報に入社。三井の指導者中上川彦次郎に見出され三井銀行に入る。一八九七（明治三十）年富岡製糸場支配人。一八九九年三井物産台北支店長となり、民政長官後藤新平が主宰する読書会のメンバーとなる。一九一一（明治四十四）年経営難の王子製紙専務取締役となり、苫小牧で集中大量生産方式を採用して成功、一九二〇（大正九）年社長となり、業界の激烈な競争の末、一九二九（昭和四）年富士製紙、一九三三（昭和八）年樺太工業を吸収合併、独占的大王子製紙が誕生。一九三八年一線を引退。一九四〇年米内内閣商工大臣、一九四四年小磯内閣軍需大臣となる。一九三九年設立の藤原工業大学は慶應義塾に寄付され慶應理工学部となった。藤原は後藤の西洋館のある邸宅を譲り受けた。

藤原が後藤と親しく接するようになったのは、明治三十四（一九〇一）年、三井物産台湾支店長となってからである。仕事は総督府に阿片を納めること、やがて台湾米を内地へ移入することを始めた。後藤民政長官は官邸で毎月一回、官吏や民間人を集めて読書会を開いていたが、藤原も会員の一人であった。後藤はそこから台湾における事業のヒントを得ていたのだが、藤原は、灌漑や品種改良すれば、台湾は二毛作だから台湾米は有望であると論じた。早速、後藤は米の調査を始めた。

藤原は四十歳ごろから三井物産の創始者益田孝を師匠として、茶道に入るが、王子製紙の経営に腐心するかたわら、茶会を催し、後藤もよく招かれた。その事について、藤原は次のように語っている。「（後藤は）茶を好まれ、私の処へも始終来られた。（略）『どんな西洋料理や日本料理よりも、茶の懐石料理は美味だ』と言われた。伯（後藤）は身分の高い方だから、席ではお正客になる。この役は非常に面倒で、素人にはとても務まらないものだが、伯はこの礼式を少しも知らずに、勝手次第なことをなされるが、それが自然に茶の法に叶い、立派なお正客になる。今から考えてみると、伯はたしかに得度しておられ、脱俗しておられたからだと思う」と。

また、後藤は大正五（一九一六）年十二月、藤原たち信州出身の財界人に寄附を呼びかけ、翌年一月に信濃通俗大学を設立した。学俗接近の試みであった。

（西宮　紘）

山崎亀吉（一八七〇―一九四四）

山崎亀吉（やまざき・かめきち）

山崎亀吉は若いころ、親戚の清水商店という銀座の貴金属商に勤めた後独立し山崎商店を設立、金の品位を示す値を標準化するなど業界のリーダーとして活躍し、明治三十年代には東京でも有数の貴金属・時計商となっていた。

一九一一（明治四十四）年にスイスで懐中時計の製造工場を視察、一九一五（大正四）年にはアメリカで懐中時計の大量生産を見た。これを契機に貴金属・時計の販売に加え、新たに懐中時計の製造に乗り出すことを決意し、一九一八（大正七）年、淀橋に尚工舎時計研究所を設立し、一九二四（大正十三）年、ようやく完成品を製作できるようになった。

ところが山崎は翌大正十四年、貴族院議員となり、政治に奔走するようになる。尚工舎の経営は次第に傾き、一九三〇（昭和五）年、安田銀行からの借金を返済することができず担保流れとなり、結局、山崎を会長とする新会社が設立されることになり、会社名は「シチズン時計株式会社」とされた。

シチズン時計株式会社の『社史』（二〇〇二年）には「山崎氏は当時、貴族院議員をやったり、資本家の代表となってソ連を訪問したりしていたので、自然政界名士としての交渉も多かった。貴族院議員であり、東京市長も兼ねていた後藤新平伯にはことのほか信望厚く、シチズンの名称も同伯から付けてもらったものである」と記されている。ちなみに後藤新平東京市長時代に山崎亀吉は東京市会議員であった。

後藤新平は東京市長時代に「東京市の自治はよそにはなく市民の中にある」「市民一人一人が市長である」と名言を残している。関東大震災の復興計画では、産業革命後の日本の近代化を強く志向している。

山崎亀吉が国産の懐中時計生産を志したのは、後藤新平にとっては道が同じである。共に目指すのは日本の近代化である。近代化は政治や行政だけのものではない。市民一人一人の政治思想や仕事に対する考え方が近代化されなければならない。後藤新平が山崎亀吉のつくった国産時計の名前にシチズンと名付けた存念はそこにある。この時計の名前が会社名としても採用されることになる。

山崎亀吉は尚工舎時代の大正十年、全員寄宿制、生徒数十人の尚工舎時計工業学校を設立し、時計の組み立てに至る諸技術を習得させ、国産時計技術の普及に努めた。卒業生はシチズン時計はもちろんそのほかの会社においてその後長く国産時計の生産を支えた。

当時、懐中時計は舶来に限ると思っていた世の中で、シチズン時計の製品は正確に時を刻んだ。昭和二年、名古屋における陸軍大演習後、昭和天皇がズボンのポケットから懐中時計を取り出し「私のこの時計は国産品だけどよく合うよ」と皆に示したのが京橋の山崎時計店で買い求めた時計だったという。

この技術力によってシチズン時計は懐中時計から腕時計の製造へと発展し日本の、いや世界のブランドとして名を馳せていく。後藤新平が願った市民の政治意識と日本の技術の近代化の両者を体現しているのがシチズン時計である。山崎亀吉もこの考えに共鳴して時計学校で人材を養成し、日本の時計製造技術を世界に誇る水準に発展させた。

（青山　佾）

山本悌二郎（一八七〇—一九三七）

山本悌二郎（やまもと・ていじろう）

新潟出身。品川弥二郎に師事、独逸学協会学校（現・独協大学）を経て、給費生としてドイツ、英国に留学。帰国後、二高教授から実業界に転じ、日本勧業銀行鑑定課長、台湾製糖常務取締役、同社長。一九〇四（明治三十七）年衆議院議員、以後一一回当選（立憲政友会）。田中義一内閣と犬養内閣で農相。国体明徴運動を推進、大東文化協会副会頭。三六年議員辞職、政友会顧問。日独協会会長（後藤のあと）。

山本は『吾等の知れる後藤新平伯』（八二―八六頁）に「公正無私の後藤伯」という追悼文を寄せ、台湾製糖会社草創期の思い出を書いている。「官と民」の関係についての後藤の考えの一端がわかって面白い。

「私が最近まで社長をして居った台湾製糖会社は台湾の今日の砂糖業の元祖であるが、之を慫慂《しょうよう》して創立せしめたのは児玉総督並びに当時の後藤民政長官である。ところがその当時は台湾領有後間もないことであり、台湾の民心は甚だ不穏であって、所謂土匪《いわゆるどひ》と称して満洲の馬賊に等しい強盗の集団が各所に横行して居ったという時代であった、しかも砂糖業を科学的に経営した者は未だ一人も台湾にはないし、随《したが》ってその結果についても何人も確たる信念を有つことが出来ない時代であった。それで砂糖業の為に内地の資本を台湾にいれようとしても、殆どこれに応ずる者がないという状態であった」。

近代糖業の導入は、「総督と民政長官だけであって、これが総督府の官吏の殆《ほと》んど全部から理解されて居らなかった」。このために山本の仕事は総督府官僚とぶつかることも多かったらしく、後藤とさえもしばしば衝突した。山本の排斥運動も激しくなり、ついに井上馨も心配して、山本を辞めさせる相談を後藤にもちかけた。

「ところが後藤さんは曰く「それはいけませぬ、役人などが彼《か》れ此《こ》れというがために、民間の局に当って居る者を直ちに左右するが如きことがあっては、腕の良い人間は台湾にもう来はしませぬ、少しは剛骨で、役人とたびたび衝突しても、真に腕前のある者ならば、何処《どこ》までもこれを擁護して仕事をさせるということでなければ、将来民間の台湾経営ということは出来ませぬ、それ故に山本を呼び戻すということは不同意です」。かくして山本は留任ということになり、台湾砂糖業の全盛時代の緒が開かれた、という。（春山明哲）

島安次郎（一八七〇―一九四六）

島安次郎（しま・やすじろう）

和歌山市出身。東京帝大機械工学科卒。一八九四（明治二十七）年、関西鉄道入社。一九〇七年会社が国有化され、翌年、鉄道院ができると、後藤総裁の許、運輸部工作課長となる。その後ドイツ留学を経て、工作局長となる。後藤の命で鉄道の広軌化調査を進め、一九一五（大正四）年、「島案」を提出、横浜鉄道線の原町田〜橋本駅でのその実験に成功。だが、政権交代で広軌化は挫折。のち、満鉄筆頭理事・社長代理を経て一九二五年、汽車製造の社長となり、「弾丸列車計画」を推進するが、戦局の悪化で頓挫。長男の秀雄は、のちに新幹線を完成させる。

大正五（一九一六）年十月、寺内内閣が成立、後藤は内相兼鉄道院総裁となるや、島を総裁室に呼び、「広軌実現の良方策はないか」と尋ねた。島が私見を提出すると、後藤は意見書、さらに具体案を求めた。こうして提出されたのが「島案」である。その特色は広狭両軌道を併用しつつ改築するもので、狭軌の二本のレールの外に第三のレールを並置し、狭軌列車は狭軌のレールの上を走り、広軌列車は第三のレールを利用して広軌のレールの上を走る仕組であった。しかも財政上もわずか六千万円という改築費にすぎなかった。その上で島は、原町田、橋本両駅間でこの広軌案を実験してみたいと進言すると、後藤総裁は言下に「ウンそれはよかろう」と快諾した。こうして実験設備は整えられた。すると後藤総裁は、ある日、「我輩も見に行く」と実地視察にでかけてきた。そのとき、ちょうど、駅で上り列車と下り列車とがスレ違った。そこで両列車の間隔を実地に研究できた。その結果、大きな車輌も通過させることができることがわかり、島は総裁に、「この際、車輌の見本も作ってみたい」と進言すると、直ちに裁決が与えられた。かくして、「島案」は閣議にも認められたのだが、議会では、田舎の選挙基盤に狭軌鉄道を引こうとする政友会が広軌化に反対であった。その上、後藤が外相に転じ、中村是公が鉄道院総裁となったが、まもなく寺内内閣更迭となり、中村も総裁を辞し、新たに成立した政友会の原内閣は広軌案を廃棄してしまった。

（西宮　紘）

岡松参太郎（一八七一―一九二一）

岡松参太郎（おかまつ・さんたろう）

熊本出身。一八九四（明治二十七）年帝大法科大学法律学科（英法）卒。東京法学院（現・中央大学）等で民法を講ずる。一八九六（明治二十九）年『註釈民法理由』刊行、同年京都帝大法科新設のため、ドイツ、フランス、イタリアに留学。一八九九年帰国後京都帝大法科大学教授に就任。一九〇〇年から後藤の依頼により台湾総督府嘱託として台湾旧慣調査に従事。臨時台湾旧慣調査会第一部長として法制調査を担当、『台湾私法』等の報告書を刊行。ついで第三部長を兼任、台湾諸法案の起草審議を主導。一九〇七（明治四十）年後藤満鉄総裁の要請により満鉄理事就任、〇八年帝国学士院会員。一三（大正二）年満鉄理事と京都帝大教授を辞任。一九年中央大学教授。ベルギーでの万国学士院連合大会から帰国後、病に臥し没す。著書に『無過失損害賠償責任論』、『台湾番族慣習研究』全八巻など。「岡松参太郎文書」は早稲田大学図書館に寄贈された。

台湾旧慣調査にあたって岡松参太郎の起用を後藤に勧めたのは中村是公だという。洋行帰りの新進気鋭の京都帝大教授とはいえ、調査経験のない二十九歳の法学者を台湾統治政策のブレーンとして採用するとは随分大胆な人事だったはずである。児玉総督に対面した岡松はこう言った。

「そういうことに関して少しの経験もないので、着手してやって見てからでなければ、いつまでに果たしてこれができあがるか、またいかなる方法をもってするがよいか、ということも総て見当がつきませぬ」。すると児玉は「総てお前の自由にするがよい。政治上の問題というのではなく、学問の研究をするつもりでやってよろしい」と言ったという。

実際、台湾旧慣調査は長期にわたって続けられ、臨時台湾旧慣調査会が正式に解散したのは一九一九（大正八）年であり、『台湾私法』、『清国行政法』等の膨大な調査報告書が刊行され、その学術的な内容に対してはいまでも高い評価がなされている。同時に、岡松は後藤の政策立案の重要なブレーン・スタッフとなっていった。岡松は明治憲法の改正案と台湾統治法の起草に関わるとともに、満鉄の経営にも関わり、満鉄調査部及び東亜経済調査局の創設を指導した。また、一九〇八（明治四十一）年後藤のロシア訪問にも同行し、皇帝に謁見して聖スタニスラス第一等勲章を賜っている。

さらに大正期に入っても、「東洋銀行設立論」（一九一四年）、「自治団綱領草案」（一九一六年）、そして有名な「大調査機関設立の議」（一九二〇年）など、後藤の重要な政策構想案の起草の多くに岡松が関わっていることが、「岡松文書」により明らかとなってきた。岡松参太郎こそ、後藤新平の終生の「ブレーン・スタッフ」であった。

（春山明哲）

松木幹一郎（一八七二―一九三九）

松木幹一郎（まつき・かんいちろう）
愛媛出身。帝大法科卒。逓信省に入る。後藤により鉄道院秘書課長に引き抜かれる。一九一一（明治四十四）年東京市電気局長。一五（大正四）年電灯事業停滞により阪谷市長とともに辞任。一六年山下総本店総理事。二二年東京市政調査会理事。二三年関東大震災のとき、帝都復興院副総裁。二九（昭和四）年台湾電力社長。

後藤新平が手掛けた仕事のなかでもっとも著名なもののひとつは鉄道であろう。第二次桂内閣の逓信大臣兼鉄道院総裁として後藤は「国鉄」の基礎を作った。その渦中にあったのが総裁官房秘書課長に任じられた松木幹一郎である。松木の仕事のひとつは制服の制定であった。

「現業員の規律を精神的に励行せしむるには、また外形的にもこれを引き締めていくのが必要でありまして、鉄道院職員の服制を制定することを企てられました。何しろ文官が類のない制服を着て、儀礼の場合には、剣を佩びようというのでありますから、法制局ではまた後藤さんの横紙破りだといって、なかなか承知されませんでした。(略)総裁はこの服が、自分で言い出されただけあって、全く大好きでありました。明治四十三年の東海道大水害の際――この時は横浜熱田間を汽船で連絡しました――は、当時流行の魁《さきがけ》であった赤革の脚絆をつけて、勲一等旭日章を胸間に燦《きら》めかし、洪水に埋もれた線路を巡視されたのが、まだ眼に残っております。これによって伯は「和製ルーズベルト」の尊称をもらわれました」。

後藤によれば制服制定の理由は「敏速精確明快の三訣」によって職務を執《と》るように、かつ「華《か》を去り実に就《つ》く」ことを期すためであった。そして「不偏不党」、「信愛を衆に及ぼす」ためのものであった。この一方で、帝都復興院副総裁であった松木は、復興事業の仕事の「てんやわんや」振りについて、後藤が「不統一の中に統一あり」とし、土地区画整理の最終決定の際には、幹部が後藤の私邸に集まって大議論する様子なども述べている(『帝都復興秘録』二三七頁)。後藤の「人をつくる」方法は単一ではない。

(春山明哲)

星 一（一八七三―一九五一）

星 一（ほし・はじめ）

福島出身。政治家、実業家。星製薬創業者。一八九四（明治二十七）年、東京商業学校卒。同年渡米し、コロンビア大学を苦学しつつ卒業。滞米中、和英両文の週刊小新聞「ジャパン・アンド・アメリカ」を刊行する。在留邦人と米人への相互情報提供紙である。帰国後、将来の薬品需要の高まりを予測し、製薬事業を企て、一九一一（明治四十四）年、星製薬を設立する。モルヒネの製造を始め、大正期に台湾産阿片の払下げを独占、巨利を得る。ペルーにも薬草園を開き、「クスリはホシ」の宣伝と共に、日本の代表的製薬会社となる。

だが大正末期、星製薬の台湾阿片払下げ独占と経理の実情を国会で厳しく追及される。台湾で訴訟も起こる。背景には、政争、製薬同業者たちの羨《せん》望、役人たちの策謀などが複雑に絡む。第一次加藤高明憲政会内閣の時、星製薬への払下げが中止となり、一九三一（昭和六）年、破産宣告をする。裁判は最終的に無罪となる。だが事業の進展は押さえられ、多大な犠牲が払われ転落させられた。

なお、政治家としては、一九〇八（明治四十一）年、衆議院議員に初当選し（政友会）、一九三七（昭和十二）年以降連続三回当選する。戦後初の参議院全国区に一位当選（国民民主党）。

また、星製薬に教育部を置き、一九二二（大正十一）年に独立させ、星製薬商業学校（現・星薬科大学）を設立した。

後藤新平と星一の出会いについて、息子で作家の星新一が証言する。〔父は〕ニューヨークでの雑誌発行をつづける資金にゆきづまり、帰国し、杉山茂丸の紹介で後藤から五千円という大金を出してもらった。そして、台湾に同行して手伝いをした。鶴見著の伝記のなかに、星一の追憶談として、こうある。

「当時、しばらく長官の官邸の一室にとまらせてもらっていましたが、後藤さんはきわめて早起きで、四時半ごろになると、おい、アメリカ人、早く、起きろと呼びに来る。そして、町はずれの児玉総督の別荘に出かけ、帰ってから朝食というのが日課でした」

明治三十五（一九〇二）年のこと。私の父は三十歳。後藤は四十五歳。どなられながら、いろいろと指導を受けたわけである。（略）後藤はアメリカに視察に出張するが、その時に案内をしたのが私の父である。

（『明治の人物誌』新潮文庫、より）

星は後藤に、ニューヨークの砂糖工場視察を企てた。新渡戸稲造とその弟子二名も含む少人数においてである。七階建ての規模で、キューバの蔗糖を最上階から精製しつつ下ろし、最終的に袋詰めする様などを見せた。台湾の製糖事業を意識してである。

後藤は常に星を信頼し、長期間様々な場で支援した。星もまた生涯、後藤の思いに応えんとした。阿片払下げに絡む訴訟などを背負った、独特の運命的な交情も窺わせる。星新一の筆に、それらは印象深く証されている。

（能澤壽彦）

ビーアド（一八七四—一九四八）

チャールズ・A・ビーアド（Charles Austin Beard）

アメリカ合衆国インディアナ州出身。政治学者、歴史家。一八九八年デポー大学卒業後、イギリス・オックスフォード大学に留学。一旦帰国して同窓のメアリー・リッターと結婚、夫妻で再びオックスフォードで学んだ。一九〇二年帰国してコロンビア大学で政治学と歴史学を学び、一九〇四年学位を取得。一九一五年コロンビア大学教授となり、アメリカ憲法発達史と政治学を講じた。一九一三年に出版した『アメリカ憲法の経済的解釈』は学界に衝撃を与える問題作となった。一九一七年バトラー総長の大学人事に抗議して辞職、ニューヨーク市政調査会の理事に就任。一九二二年後藤新平東京市長の招請により来日、市政への助言のほか全国で講演活動をおこなった。一九二三年関東大震災の際にも再び来日、復興計画を支援した。鶴見祐輔、蠟山政道、高木八尺、前田多門など、日本の知識人に大きな知的影響を与えた。著書に『共和国』『ルーズベルトの責任』など。

一九二〇（大正九）年東京市長に就任した後藤新平は、東京市政の改革と東京市政調査会の運営の助言者としてビーアドの来日を要請した。二二年九月メアリー夫人と二人の子供たちと来日したビーアドは、東京市の各種の施設や現場を視察したほか、市民と学生に対して都市問題と自治への関心を高めるという後藤の希望に沿って、全国の都市や大学で精力的に講演するとともに、専門家を集めての研修も行なった。これらの結果は『東京市政論』にまとめられ、都市行政の参考書として戦後にまで読み継がれている。

ビーアドは帰国後「調査の政治家」という文章の中で、後藤新平を紹介し「日本は、その最も広い意味における、国政・自治体行政上の体系的な科学的調査研究推進の分野で、世界をリードしていくことになるだろう」と評価した。

関東大震災の報が伝わるやビーアドは後藤に電報を打ち、一九二三年十月再び来日、メアリーと廃墟となった横浜と東京を眺めることになった。帝都復興計画は難航し、ビーアドは「今日を目標として建設するなかれ。希くば、永遠を目標として建設せられよ」という後藤への手紙を残して帰国した。

後藤は一九二七年「ビーアド博士への報告」を作成し、ビーアドが日本に残した影響を具体的に分析・評価している。東京市政調査会の存在自体が「都市と自治」の知的基盤としての活動を継続したのである。また、市政論にとどまらず、ビーアドの人と学問は彼の謦咳に接した日本の知識人に深い影響を与えた。

この日米の知的交流は、しかし、一方向のものではない。日本からアメリカに戻る太平洋上で、チャールズとメアリーは歴史と技術と文化の関係について考えた。彼らは合衆国について見方を新たにし、名著『アメリカ文明の興隆』への展望を得たのである。

（春山明哲）

森　孝三（一八七四—没年未詳）

森　孝三（もり・こうぞう）

独逸協会学校専修科を出て渡欧、ベルリン大学卒業。のち市政調査会参事、昭和金鉱取締となる。後藤新平の読書上の秘書で、台湾時代、ヨゼフ・オルツェウスキー著『官僚政治』を翻訳、後藤がそれに序文をつけて後藤の名を冠して一九一一（明治四十四）年出版。翌年七月、桂太郎と後藤の訪露に随行。一九二三（大正十二）年一月、後藤東京市長の命でアドルフ・ヨッフェを迎えに神戸に直行、後藤・ヨッフェ会談にドイツ語通訳として加わった。一九二六（大正十五）年三月、後藤や駐日ドイツ大使ゾルフらとともに日独協会を再興。また、一九二四（大正十三）年秋、ドイツから来日したハーバー博士と交談、それが契機となって一九二七（昭和二）年日独文化協会が成立。同年十二月、後藤の訪ソに随行したが、このとき故伊藤公のステッキを携えていた。一九二九（昭和四）年三月三十日、後藤の絶筆「帝力於吾曷為者……」を与えられた。

森は後藤の生涯にわたる読書上の秘書であった。森は翻訳して講じ、後藤は要点を筆記しながら聴くのであった。しかしなぜ、後藤はこのような秘書を必要としたのか。後藤は読書中、感激せざるを得ない箇所に来ると、連想が次々に湧いてきて、進めなくなり、読了することができなかったからである。森は後藤の思想的状況を常に観ていて、特にドイツ語圏で重要であると思える書物を選んでは翻訳し講じたのであった。台湾時代、ドイツの「国家と自然」叢書のシャルクの『民族競争論』は、後藤の新旧大陸対峙論の源となった。また、マックス・フォルボルンの『文化政策の生物学的基礎論』は、後藤の「鯛とヒラメ論」の基盤となった。さらに『ビスマルク演説集』の目分量説《アウゲンマース》に後藤は注目した。オルツェウスキーの『官僚政治』は、官庁・企業・政党などにおける官僚政治の弊害に注目させ、パウルゼンの『政党政策と道徳』、ロベルト・ミュッヘルズの『政党社会学』などは、後藤の政治の倫理化運動の源となった。ハンス・ブリュックの『政治と民意』も平民政治と政党政治における弊害について後藤を啓発した。そのほか後藤が注目したのは、ローレンツ・フォン・シュタインの行政学、ウィリアム・ファルの『生命統計学』、英米中露の外交資料、東洋の仏典など多岐にわたった。そして、ジョンブルグの『精神と経済』の、森による序文の翻訳を手にしたまま、後藤は薨《たお》れたのであった。

（西宮　紘）

岸 一太（一八七五—一九三七）

岸 一太（きし・かずた）

岡山出身。医師。発明家。宗教家。三高医学卒。台湾に赴き、台湾総督府医院長兼医学専門学校教授。のち大連に移り、満鉄大連病院長を務める。

一九〇八（明治四十一）年、後藤満鉄総裁の訪露の旅に岡松参太郎（法学博士）、菊池忠三郎らと共に、同行者に加わる。

その後、京橋区明石町に耳鼻科医院を開業する。他方で発動機の製作にも打ち込み、一九一六（大正五）年、日本人製作の最初期型の飛行機である「岸式つるぎ号」を完成させた。そして赤羽の地に、飛行機製作所や飛行訓練所も兼ねた民間飛行場も作った。また、一九一九（大正八）年には、砂鉄精錬法の研究によって勲四等旭日章を受けてもいる。

更に一九二二（大正十一）年、東京市の嘱託員として採用される。臨時汚物処分調査委員会が設置され、北里柴三郎委員長のもと、岸も委員に加わる。一九二三（大正十二）年の山本震災内閣では、復興院の勅任技師に任命された。

他方で、岸には宗教者の顔もある。一九二一（大正十）年の大本教弾圧時、教団を離れ、一九二八（昭和三）年、明道会《めいどう》を立教する。一九三四（昭和九）年には惟神会《いしん》と名を改め今日に至る。

関東大震災は国難であった。そして帝都復興計画は難行を極めた。鶴見祐輔は『正伝 八巻』に述べる。

伯の志は帝都復興にあった。しかし人間相手の仕事である。（略）火の出るように激しく闘った後、自説が通らないと、あっさりとこれを撤回して、多数の決した案に、もう一度火のような情熱を打ち込んでゆくのが、実行家肌たる伯の性格であった。（略）そこで生じてくる当面の問題は「人」であった。いかなる有力人材を集め、この難局に当たるか。後藤が選んだ中に、異色の人・岸一太の名があった。鶴見の筆は更に述べる。

この岸の任命は少なからず世間を驚かした。けだし岸は耳鼻咽喉科の専門医で、台湾以来伯に知られていた。彼は非凡なる発明的才能を有し、欧州大戦中は製鉄工場を作り、また飛行機の製作に従事していたが、事志と違って以来は、都市の塵芥《じんかい》処分に関する発明を伯に献策した。世間は岸のかくのごとき研究を知らなかった。ゆえに（略）伯の身勝手と誤解したのである。

非常時には常人ならぬ人材を要する。多才かつ異能の人・岸は、時代に要請された。

台湾、満洲、東京という後藤の移動のごとに、岸は確《しか》と付き添っている。共に医学の出身である。一方は政治、外交、植民地統治、帝都経営、情報、教育などに進み展開してゆく。他方は発明、技術開発、都市インフラ設計などに進み展開してゆく。

両者は、多元的にして統合的な精神性の持ち主として、互いに話が通じ易かっただろう。岸が昭和期に著した宗教書などには、後藤の揮毫が巻頭を飾っている。

（能澤壽彦）

下村 宏（一八七五―一九五七）

下村宏（しもむら・ひろし）

和歌山出身。官僚、ジャーナリスト。東京帝大政治学科卒。逓信省に入る。貯金局長。一九一五（大正四）年台湾総督府民政長官。一方で中央大、早大、東京商大などで財政学を講じる。二一（大正十）年朝日新聞社に入社、欧米に特派。二二年専務に就任、三〇年副社長。中央放送審議会委員。三六年退社。三七年貴族院勅選議員。四三年日本放送協会会長。四五年鈴木貫太郎内閣の国務大臣・情報局総裁、ポツダム宣言受諾にいたる国論対策、終戦時の「玉音放送」実現に大きな役割を果した。拓殖大学学長も務めた。佐佐木信綱門下の歌人としても知られる。号は海南。

下村宏に「脱線王後藤新平」という文章がある。

「定石外れ奇襲専門の座談家としては先ず蛮爵後藤新平君を推さざるを得ない。筆者はかつて　大風院殿脱線棲霞大居士　という院号をおくったが、ひどい事をいうと云いながら会心？の笑を漏らしていた」。

「由来棲霞子は謎の人である、未だ解けざる謎の人か、既に解けたる謎の人かは各々見る人に任せるとして、謎の人は常に謎を口癖にし、野狐か野狸か談はいつも月足らずの禅問答のようになる。其の口を突いて乱発する奇句警語は、其《その》ままに受くべきか、はた反語と解すべきか」。

後藤新平の座談はとても「面白い痛快である、その片言隻句がキビキビと冴えてくる」というのが下村の感想である（下村宏『南船北馬』）。

下村は台湾総督府民政長官としてたびたび後藤の知恵を借りたらしいから、その座談の妙についても経験が豊富なのだろう。それに下村は後藤に対して率直である。「後藤伯の死処」（『吾等の知れる後藤新平伯』）という文章はこんな調子である。

「いうまでもなく今日ニュース・メーカーとして野の人となっても、常に社会に存在を認められる人は後藤伯のみである。今日国際ニュースに於いては伊藤大隈去りて又その人なし、辛うじて米国へ渋沢子あり露国へ後藤伯あり、Shibusawa says, Goto sas という電報が発せられ又かの地の新聞に載せられる」などと言いながら、下村は後藤に「三択問題」、すなわち政党生活に入る、極東ロシアで事業に没頭する、拓殖大学で学園生活に入る、のいずれかを選択すべきだというのである。晩年の後藤に意見が言える下村が面白い。

（春山明哲）

二反長音蔵（一八七五—一九五〇）

二反長音蔵（にたんちょう・おとぞう）

大阪出身。農民。十七、八歳の頃上京し日本国内での大規模ケシ栽培阿片製造の必要を内務省に建白する。これが後藤新平衛生局長の目に止まり、試作許可を受ける。長期にわたる改良を重ね優秀品種を産み出し、かつ増産体制の整備にも努めた。やがて全国普及奨励を委託され、「大日本罌粟栽培阿片製造奨励会長」の立場で各地から招請され始める。明治末には「阿片王」の異名もとる。また台湾総督府嘱託の肩書も加わる。

大正期になると、星製薬(株)の社長・星一との交流も始まる。彼は台湾総督府から阿片精製の仕事の独占許可を得ていた。

なお、栽培奨励の責任を感じた彼は、農民を守るため「ケシ栽培製造人組合」を作り、内務省、農商務省への陳情を重ねた。

一九二九（昭和四）年当時は満洲で薬用阿片事業を手掛けていた。なお一九三四（昭和九）年、一九三八（昭和十三）年、一九四三（昭和十八）年の三回にわたって、非常時体制下の満洲国から招聘され、広範なケシ栽培阿片製造指導に出かける。だが、厳しい国際情勢の中、彼の描いた理想は実現し得なかった。

敗戦後、MPに調べられた。だが秘蔵の文書類は彼らに見つかることはなかった。大きな情熱を以って、目的に向かって突き進んだ希有な人生であった。

後藤新平は大阪の二反長音蔵宅を何回も訪ねている。欄間には後藤の揮毫した畳一畳ぐらいの「盡性窮理」の扁額が掛かる。息子・二反長半《なかば》は著書の中で、後藤の言葉を記している。

「二反長君、台湾の患者は多少減ってはきたが、まだまだ需要に間にあわん。輸入が大変だ。それに清国からの密輸入も多くてな。これを解決するためには、今の何倍も何十倍も、ケシ農民をふやしてもらわねばならん。たのんだぞ」

他方で二反長は生活の掛かったケシ農民たちを保護する策も立てねばならぬ。この流れの中で、陳情の前に後藤を訪問した。そして日頃の憤慨を訴える。

「後藤さん、閣下のご協力で、阿片もやっと国内需給に役立ってき、私も一安堵、いよいよこれから本番という時になって、内閣でケシ栽培人の頭をたたきよりました。わしはそんな内務省の嘱託なんて役は、今日かぎり御免こうむりたいと思っとります」

後藤は答えた。

「いずれこうしたことが起こるとわしは考えていたよ。よろしい。わしからもさっそく内務、農商務へ、床次、山本へ直接かけあおう。君たちも堂々と会って来たまえ。この紹介状を持っていくといい」

政府も後藤の申し入れを無下に拒絶はできない。とは言え、総じて反応は鈍かった。後藤は二反長に対し、折にふれて訪れ、手紙をよこし、効果的な陳情法などを助言した。

植物の品質改良をめぐっての国家的課題を負った両者であった。特異な関係であり、その絆は深かった。

（能澤壽彦）

（参考・出典、二反長半『戦争と日本阿片史』すばる書房、一九七七年）

永田秀次郎（一八七六―一九四三）

永田秀次郎（ながた・ひでじろう）

淡路島出身。三高卒。洲本中学校長を経て官途につき、京都府警察部長など歴任。一九一六（大正五）年三重県知事。寺内内閣の後藤内相、水野錬太郎次官のもとで警保局長となる。退官後貴族院勅選議員。後藤が東京市長に就任すると三助役のひとりとして登用される。一九二三（大正十二）年後藤の後を継いで東京市長となり、関東大震災後の復興に努めた。また、後藤の後を継いで第四代拓大学長となる。一九三六（昭和十一）年広田内閣拓相、三九年阿部内閣鉄道相、四〇年大政翼賛会顧問。帝国教育会長も務める。青嵐と号する俳人。

「花吹雪、日本淋しくなりにけり」

後藤新平の遺骸が京都から東京に運ばれ、四月十六日青山墓地に葬られたとき「折から満開の桜花が吹雪の如くに散り布く土を掘る一鍬毎に燃ゆる陽炎の中に立ちつくした私」の感懐を込めた青嵐・永田秀次郎の句である。「後藤さんと私」と題された永田の追悼文は『吾等の知れる後藤新平伯』に収録された五七編の中でも、後藤新平という人物が生き生きと面白いエピソードを持って語られている。そして永田の惻惻たる心情がこちらに伝わってくる文章である。

後藤内相下の警保局長に抜擢されてから、永田は後藤に寄り添うように官僚としての出処進退に終始したので、後藤の側近といった位置にあった。事実、後藤の臨終の際に手を握ったのも永田である。それとともに、永田の俳人としての、つまり青嵐としての文学的感性というフィルターを通して眺められた後藤新平の人間像が、なんともいえない可笑しみと真実味をもって伝わってくるのも「後藤さんと私」である。その中の一節。

永田の故郷の淡路の千光寺でのこと、少年団に対する説教を後藤も神妙に聞いていたので、永田は後藤にこう聞いた。「あなたは少年団の子供を見ると、どの子供でも皆自分のお孫さんでもあるように可愛くてたまらんのでしょう」と言うと、伯はひどく真面目で「俺は子供を可愛いなどとそんな簡単な考えを持っているのではない」と言われる。「それではお友達か何かのように、子供と同じ心になるのですか」と言うと、一段と真面目になって「友達だなどと思ったら、こんな老人に子供はなんで一緒に遊んで呉れるもんか、自分は子供を先生だと思って、いろいろ教えられるつもりでいるのだ。それで初めて子供達から一緒に遊んで貰《もら》えるのだ」と語られた。

（春山明哲）

大谷光瑞（一八七六―一九四八）

大谷光瑞（おおたに・こうずい）

京都出身。浄土真宗本願寺派。一八九八（明治三十一）年貞明皇后の姉九条籌子と結婚。翌年インド・欧州に外遊、一九〇二（明治三十五）年中央アジア・インドに第一次大谷探検隊を派遣、自らはインドの仏蹟を視察。一九〇三（明治三十六）年二二世法主・管長となる。一九〇八（明治四十一）年第二次楼蘭遺跡探検隊、一九一〇（明治四十三）年第三次敦煌探検隊を派遣。神戸六甲山上に二楽荘を建て探検収集品整理のほか学校、園芸試験場、測候所、印刷所など設置。日露戦争には多数の従軍布教使を派遣。探検や教団改革で莫大な財政負担となり、一九一四（大正三）年責任をとり法主と管長を辞任。その後、中国、南洋などで農園を経営、大アジア主義を主張して孫文政府の最高顧問にもなった。のち大東亜建設審議会委員内閣参議、内閣顧問などを務め、大連で終戦、戦後公職追放。後藤新平は、明治の末年に神戸二楽荘に光瑞を訪れ、一九一五（大正四）年十月十一日には旅順で光瑞と面談している。

満鉄は明治三十九（一九〇六）年九月、株式を募集したのだが、その結果、政府以外の大株主は大谷の本願寺だけであった。十一月の創立総会には勿論、大谷も出席していた。大谷は、後藤総裁による満鉄の大陸経営に大いに興味を持っていたのだ。本願寺は、日露戦争に多数の従軍布教師を派遣していた。また、明治三十三年の児玉総督による台湾から厦門《アモイ》への出兵問題が生じたとき、当地には既に本願寺が進出していたことから見ても、大陸に布教圏を拡大する意図を持ち、そこから大谷が大アジア主義を持つようになっていたことがわかる。

明治四十四年八月、第二次桂内閣を辞した後藤は、神戸郊外の二楽荘に大谷を訪れ大いに語り合った。大アジア主義が縦横に論じられたのであろう。

大正四（一九一五）年九月、後藤は満鮮巡遊の旅に出た。南満医学堂での新築落成および第一回卒業式に臨んだのち、旅順に赴き、そこで大谷と出会う。大谷は前年、法主・管長を辞したばかりであった。後藤は旅順工科学堂で講演をした。大谷はそれを聴講した。講演で、旅順経営は文装的武備を修めるべく文学技芸等の百般科学を盛んにし、わが国の文明政策を発展助長すべきだとし、中国人の学生も招来しなければならないと説いた。大谷も大いに共鳴したことであろう。

（西宮　紘）

伊藤長七（一八七七―一九三〇）

伊藤長七（いとう・ちょうしち）

長野出身。教育実践家。一八九八（明治三十一）年長野県師範学校を卒業、諏訪、小諸の小学校で教える。一九〇一年、東京高等師範学校に入学、卒業後同校附属中学校に勤務し、同附属小学校も兼務（英語）。一九一二年『東京朝日新聞』に連載した教育論をまとめ『現代教育観』を刊行。一九一九（大正八）年東京府立第五中学校（のち都立小石川高校、現小石川中等教育学校）創立に際してその初代校長に就任した。「立志・開拓・創作」という理念のもとに自由で伸びやかな校風を確立し、在職のまま一九三〇（昭和五）年に没した。

伊藤長七と後藤新平の関係について、矢崎秀彦『寒水伊藤長七伝』はこう記している。「大正初期、後藤新平が高等学術普及の必要を痛感し、各地に通俗大学と称する機関の創設を提唱、推進を図った。予《かね》てから信濃大学設立の唱道者であった伊藤は、後藤の主張に共鳴し、先ず信州教育界への橋渡しの役を演じた」。後藤は一九一六（大正五）年の夏、小諸、長野、松本、諏訪で通俗大学の講演会を開いた。一七（大正六）年、伊藤は沢柳政太郎らとともに後藤新平が設立した信濃通俗大学会の理事となり、木崎・軽井沢の夏期大学創設に尽力した。木崎夏期大学の第一回講義では「創造的教育の研究」と題して講演している。一九二一（大正十）年第四回軽井沢夏期大学では、開講初日に参加できなかった後藤に代って、通俗大学幹事の伊藤長七が式辞を述べている（なお、後藤は祝電を送っている）。

伊藤長七は、「人間の生きんとする要求、新しきものを創作せんとする努力」が「人類の文化の意識」と結びついて、「ここに戦後の新しきものを生ましむるに至ったその一粒が、この高原にも育つべき運命をもったわけでありましょう」、「民衆が自ら創作するところの大学」というものを考えねばならない時代が到来した、と述べている。

「自治」の精神も、伊藤と後藤が共有したものである。一九二七（昭和二）年五中校長の伊藤は「柴友自治国建設」の日を設け、生徒一同の完璧な自学自習を企画した。伊藤は「オナー・システム」という文章の中で「自ら治める」精神を日本の学生に考えてもらいたいとした。また「立志、開拓、創作」というキーワードのもとに、「自治之国東京第五中」で「東京小石川の一角五中の一城郭を守りてそこに自治の一理想国生まんことを希う」と述べている。伊藤は後藤の「政治の倫理化」運動にも参加している。

（春山明哲）

スターリン（一八七八―一九五三）

ヨシフ・ヴィッサリオノヴィチ・スターリン（Иосиф Виссарионович Сталин）

スターリンという姓は「鋼鉄の人」を意味する筆名で、本姓はジュガシヴィリ（ロシア語：**Джугашвили**）。ソビエト独裁者。

グルジア人の貧困家庭に生まれ、正教神学校で教育を受けた後無神論に転向、マルクス主義に基いた革命運動に参加して、ロシア社会民主労働党ボリシェビキ派の活動家になった。ロシア革命に参加した後ソビエト内閣のメンバーになり、一九二二年から死ぬまで共産党中央委員会書記長を務めた。トロツキー等の派閥争いに勝利し、一九二〇年代末から共産党の最高指導者になった。

以降、人民委員会議（内閣）議長及び同職を改組した閣僚会議議長を一九四一年から死ぬまで務めた他、前述の書記長などの要職を兼任、独裁者としての立場を維持した。「スターリン大虐殺」政策は政権の土台になった。ロシアでスターリンは二十世紀の歴史において最も議論が多い人物である。一九五六年、ソ連共産党第二〇回大会でフルシチョフ書記長は有名なスターリン批判を行い、スターリンは偉大な国家指導者から、一転して恐るべき独裁者という評価へと変化した。現在のロシア社会では、ソ連の成果を再評価する一部の人々はスターリンを「強い政治家」、「本当の指導者」、「英雄」と賛美しているが、多数はその犯罪と失敗を忘れず暴君と評価する。

後藤とスターリンの会見は、一九二八年一月、後藤の最後のソ連訪問の時だった。当時スターリンは共産党書記長として政治的権力を持っていたが、共産主義者以外の外国人とほとんど会見しなかった。政治の「建前」と「本音」を十分に理解する後藤はソ連最高会議幹部会議長――いわゆる「ソビエト大統領」――カリーニンとの会見を依頼したがそれは「建前」で、訪問のステータスを高めるためだった。真の目的はスターリンとの会談だった。

二回にわたる後藤・スターリン会談の内容は、日本側に詳しい記録がありよく知られている。ロシア側の記録は残らなかったか存在しなかったらしい。それはかなり親切な意見交換であった。しかし内容だけでなくその背景が大事である。

一九二八年初めは、スターリンにとって困難な時期であった。彼を中心としたグループは、共産党第一五回大会の結果としてトロツキー派に勝利し、トロツキーとその仲間を共産党から追放したが、その影響はまだ強かった。トロツキーの追放に抗議しヨッフェが自殺した。モスクワに到着した後藤は、表敬の墓参りをしたが、その行動はスターリンを怒らせなかった。スターリンはその意味を正しく理解していたようだ。

後藤にとってはスターリンとの会談が特に大事だった。海外からの来賓がスターリンとの会談を望む理由は、彼をソ連政権の本当の中心人物と見るからである。スターリンにとってもその会談は大事だった。外国人政治家と会わない書記長が後藤を例外としたのは、後藤を重要人物とみなしていたからであろう。

次にスターリンと会見できた日本人政治家は松岡洋右であった。その際、松岡は後藤新平を思い出した。それは偶然ではないと思われる。

（ワシーリー・モロジャコフ）

山田博愛（一八八〇―一九五八）

山田博愛（やまだ・ひろよし）

新潟出身。都市計画家、土木技術者。内務省の池田宏や笠原敏郎らと都市計画法、ならびに市街地建築物法などの立案、制定に尽力し、中心的役割を果たした。

一九二三（大正十二）年の関東大震災直後、復興計画を立てる機関は内務省都市計画局以外になく、後藤内務大臣はこれに最初の帝都復興案作成を命じた。九月八日の午後、市役所の自動車に乗り、被災地の視察を広範囲にわたり試みた。その上で復興計画の第一案を立てる。これが「四十億計画」で、世間を驚かせた。

同月二十二日に至り、それを十億見当にまとめる方針で、翌日その説明書を内務大臣の手許へ提出した。

同月二十七日、帝都復興院の創設にあたり、長く都市行政の仕事に関与してきた池田宏らと共に、内務省の山田も勅任技師として任命された。計画局第一技術課長となり、復興計画案の作成に深く参画した。

帝都復興院（兼任総裁・後藤新平）の成立で、それまでの内務省都市計画局の復興計画は全てここに移された。当時の空気を伝える山田博愛の回想談の一節がある。

殊に総裁は非常に大きな考えを持っておられ、なるべく理想方針で進もうというお考えがあり、（略）直接呼びつけられて色々の調査を急速に命ぜられることがたびたびあったのであります。全くその当時の私どもは部下の職員と共に、機械の如く時間という観念を度外視して働いたのであります。

鶴見祐輔も、『正伝』で当時を描く。

計画一日おくるれば、実行は百日の差を生ずる。（略）巧遅よりはむしろ拙速《せっそく》を尚《とうと》ぶ時であった。（略）彼〔後藤〕は火のように部下を督促した。ひどい日になると、一日に二度も三度も呼びつけて、まだかまだかと追いたてた。

山田も先に続けて語る。

全く戦争状態のような感じがしたのであります。従って計画も朝漸《ようや》く出来たかと思うと、昼にはモウ変わり、晩にまた変るという有様で、（略）。予算を担当している吾々においては天手古舞《てんてこまい》の状態であったのであります。

その後、諸経緯があって、復興事業の規模は縮小させられた。だが、山田も含め復興院において全力で事に当たった関係者たちには、後藤精神は深く刻まれていった。

（能澤壽彦）

佐野利器（一八八〇―一九五六）

佐野利器（さの・としかた）

山形出身。東京帝大工科大学建築学科で辰野金吾に学び、一九〇四（明治三十六）年卒業後東京帝大講師、助教授。ドイツに留学。帰国後、建築構造学を主導。耐震構造の世界的な先駆者で鉄骨煉瓦造の丸善書店にそれを適用（一九〇九年）。学位論文「家屋耐震構造論」において「震度」の概念を提唱した。一九一八（大正七）年内務省都市計画調査会委員、東京帝大教授就任。一九二三年関東大震災後、帝都復興院理事・建築局長に就任。ついで二四年東京市建築局長として、復興に尽力。鉄筋コンクリート建築のパイオニアとして、帝都復興事業では、区画整理、小学校建築、同潤会アパートメントの設計などに携わった。都市計画、メートル法の普及、住宅改良、日大高等工学校創設に尽力。東大退官後、渋沢栄一の勧めで清水組副社長を務めた。父の誠一郎は、後藤の須賀川医学校時代、同宿舎であった。

佐野利器の都市研究会などが後藤内相に働きかけて一九一八（大正七）年内務省に都市計画調査会が設置された。以後都市計画法、市街地建築物法が制定され、佐野は後藤新平とともに全国各地で講演を行なっている。後藤新平が東京市長の時代佐野は市の嘱託になり、一九二二年東京市政調査会が設立されると理事に就任している。佐野は「終生この会の関係者たる事をやめず、後藤さんの志をつぎたいと思っている」と述べている（『佐野博士追想録』）。一九四六年五月から五一年まで佐野は市政調査会の副会長を務めた。

帝都復興院総裁の後藤から呼ばれた時の佐野の思い出話が面白い。

「後藤さんから来いということでした。伺ったところが建築局長を勤めろということでした。『なにをするのですか』と言ったところが『復旧などではなくてこれからは復興だ。この際何をするかということはソッチで考えろ、俺にわかるか』、こういうお話であった。（笑い声）やはり偉人の言というものはギュッと胸に響くものでありまして、このお話を伺って私も『よしっ一つ有らん限りの力を出して御勤めしてみよう』という心持が起こって来たのであります」（『帝都復興秘録』）。

復興院が廃止されたのち「後藤さん以外の人の下で働く気もなかった」佐野は東大にもどった。しかし、今度は永田東京市長から市の建築局長を頼まれた。

「私は市役所の役人になる自信はなかった。余り頼まれるので後藤さんに相談した。私はおじぎは下手だし、いやだからとても勤まらんと思っています。それでことわりたいと言ったら、『なに』と此方に向き直り、『おじぎしないで仕事のできる人は天皇陛下しかないぞ。そんなことは問題ではない。永田も困っているのだから手伝ってやってくれ』と言われ、決心する他はなくなってしまった」（『佐野博士追想録』）。

（春山明哲）

太田圓三（一八八一―一九二六）

太田圓三（おおた・えんぞう）

静岡・現在の伊東市湯川に米屋（父の代に呉服や荒物に加えて書籍も扱う）の次男として誕生。三男の詩人・木下杢太郎（本名・太田正雄）より四歳年上、少年期に雑誌『少年文学』を熱心に読み、文学への興味は死に至るまで続く。東大土木工学部卒業後、逓信省鉄道作業局建設部監査掛に勤務、一九一〇（明治四十三）年に欧米留学するまで六年間、橋梁設計実務にあたる。留学の後鉄道院（後に鉄道省）に復帰し、一九二一（大正十）年頃、上越線の清水トンネルの難工事を成功させる。その際、会計課長の十河《そごう》信二と昵懇《じっこん》の仲となる。それが縁で、十河は内定していた人事を覆し、帝都復興院総裁の後藤を説得して太田を土木部長に、太田の部下の平山復二郎を道路課長にした。関東大震災後の帝都復興計画の核心部・土地区画整理の裏方として重要な役割を果たす。後藤が主宰する『都市公論』に発表された太田の論考「一都市計画者の夢想―田園文化都市としての三島・沼津の将来」（大正十四年）は、後藤の「学俗接近」を理解し、遊園都市・学芸都市・軽工業都市の三者を兼備する都市を夢想している（鈴木一策「都市「近代化」の枠を超える後藤新平の自治論」の「5　帝都復興における後藤と太田圓三との関係」『環』vol. 59を参照されたい）。復興院が局に格下げされ、主力が去り、親友の十河が疑獄事件に巻き込まれ、追い詰められたのであろう、自害。

後藤は、自分の娘婿であり、鉄道省で太田と既知の仲でもあった鶴見祐輔から太田の有能ぶりを聞かされていたため、十河の推薦事件以前から、太田に興味を抱いていた。後藤は、太田を土木部長に採用した理由をこう語っている。

「これを簡単に申せば、その工学士たるばかりではない、文学の才もあって計画に富み、そうしてあまり情実になずまぬ所において、私の敬慕するところ少なからぬところから、同君を採用することにいたしたのであります」(『鷹の羽風　太田圓三君の思出』)。

このように、後藤は年下の技師を「敬慕」し、優れた技術家であり天才的な芸術家肌の太田は後藤の思想を理解して報いた。太田は、新興帝都の建設に古典的日本の芸術的風趣を残すことに腐心し、例えば隅田川に架した五大大橋には、画家に美しい橋の絵を描かせ、それを沢山陳列して、文学者・美術家・思想家・建築家などを集めて批評を求めてから技術者に設計させた。また、道路計画によって取り壊されるはずであった桜田門を、都市美のためにこれを巧みに新道路計画に取り入れて保存した。後藤は太田の芸術的意見を受け入れ、能率と美観との二つを備えた復興計画を進行させた。大田は土地区画整理を最重要視し、具体案をいくつも土地整理局長に提出したが、注目すべきことは、太田の説得の情熱である。復興院が局に格下げされ、土地区画整理の予算が削減された苦境を打開すべく、太田は政友会の代議士全員を説得し、予算を獲得した。この情熱の背後には後藤の理解があったに相違ない。

（鈴木一策）

池田　宏（一八八一—一九三九）

池田　宏（いけだ・ひろし）

静岡出身。一九〇五（明治三十八）年京都帝大法科大学法律学科卒。内務省に入り、地方局に勤務。奈良県等をまわったのち、一九一一年本省の土木局道路課長となる。一三年からヨーロッパに遊学。帰国後、一七（大正六）年後藤内相により創設された都市計画課長に就任、一九年初の都市計画法を起草した。後藤が会長であった都市研究会の中心メンバーのひとり。二〇年後藤新平が東京市長になると三助役の一人として引き抜かれ、いわゆる東京改造「八億円計画」作成に参画、市政調査会のメンバーにもなった。二三年関東大震災のとき、内務省社会局長官から再度後藤に引き抜かれ計画局長となり、復興計画案作成に従事。その後、京都府知事をへて二六（大正十五）年神奈川県知事となり、葉山御用邸で大正天皇の看護にあたる。二九（昭和四）年退官、専修大、大阪商大、京大で教鞭をとり、また市政調査会理事などを歴任した。明治地方制度の創設者である大森鍾一の女婿。

池田宏は都市研究会、初代都市計画課長、東京市助役、そして帝都復興院計画局長と、後藤とともに日本の都市計画法制の草創期を歩んでいる。その最初のプランが「八億円計画」である。

「しからばいわゆる八億円計画とは如何なるものなりしか。実は八億円計画という名称は世間が勝手に付けたものであって決して伯爵の自銘ではない。伯爵自らはこれを率直に東京市政要綱と称した。しかしながらその実質は東京市会の付託を受けて市政の責に任じたる我が伯爵が、総市民の協力にまち、国中の権威を挙げ用いて市会と共にまさに大に進献せんとするの方向を正々堂々として提議せる新市政の縦横大策であった」。そして関東大震災。

「その直前に伯爵の八億円計画があったのでなければ、あの惨禍の凄絶をきわめた瞬間に、あれほど思い切った復興計画は、誰によっても夢にも企画されなかっただろう」。

だが、池田が残したものはプランだけではない。『現代都市の要求』、『都市計画法要論』、『都市経営論』などの専門的実務的著作のほか、『帝都復興秘録』がある。

「都市計画史に永く記念せらるべき帝都復興事業には、其真髄を伝える inner history がなくてはならぬ」として、事業に関係した五〇名余の人々を集め四夜にわたって座談会が開かれたが、その記録が市政調査会から刊行された『帝都復興秘録』である。池田は多くの関係者の意見と提案を残して、「それを収録して後の世の為に遺し、又市民に警告するようにしたい」、「此の機会を通じて一つのサゼッションを遺したいと思う。それが本当の文献である」と述べている。どのようにすれば経験と知恵を後世に遺せるのか。これは後藤と池田が共有していた課題でもあるようだ。

（春山明哲）

岩永裕吉（一八八三―一九三九）

岩永裕吉（いわなが・ゆうきち）
　東京出身。長与専斎の四男。母親の実弟で日本郵船専務であった岩永省一の養子となる。京都帝大法科卒。一九一一（明治四十四）年後藤新平の推薦で満鉄に入社、大連本社に勤務。一九一七（大正六）年退社、翌年鉄道院総裁秘書官・文書課長に就任。一九一九（大正八）年、後藤の欧米旅行に随行。翌年、岩永事務所を開設、外国事情の紹介誌『岩永通信』の発行を始める。一九二三（大正十二）年国際通信社専務。一九二六年国際通信社と東方通信社が合併して日本新聞連合社が誕生、その専務理事となる。以後米国のＡＰ、英国のロイターなどと対等の通信契約を結ぶのに成功、日本の通信独立に大きな功績を果たす。一九二九（昭和四）年広告連合社開業、一九三六（昭和十一）年、ライバルの電報通信社と合併して同盟通信社が誕生、初代社長に就任。兄に医師の長与称吉、又郎、弟に作家の善郎がいる。

岩永は新渡戸稲造の門下生である。明治四十四（一九一一）年に後藤の招きで満鉄に入社、大連本社に勤務した。大正五（一九一六）年、後藤が寺内内閣内相となり鉄道院総裁となったとき、満鉄を退社、鉄道院総裁秘書官・文書課長に挙用された。後藤が外相に転じたとき、岩永を長春領事に抜擢するつもりであったらしい。大正八年、後藤が欧米旅行をしたとき、岩永は米国シカゴからその一行に加わった。英国では、ドーバーに向かう汽車の中で、後藤の縦横談に加わって座談の名手ぶりを発揮したという。しかし、パリに向かう船では船酔いに苦しんだ。

後藤は晩年、田中義一首相に頼まれ、訪露を決意するのであるが、実業家の久原房之助と同行すべきか否かが問題となった。同行に反対する後藤派の田中清次郎は久原の随員斎藤博と会見して、後藤と久原は別々に訪露することになった。その会見の場が、岩永祐吉の邸宅であった。

岩永は、長与専斎の四男であり、新渡戸稲造の門下生であった関係で、後藤とは親密で身近な関係にあったと言えよう。

（西宮　紘）

ヨッフェ（一八八三—一九二七）

アドリフ・アブラモヴィチ・ヨッフェ（Адольф Абрамович Иоффе）

ソビエト初代外交官の一人。

金持のユダヤ人家庭に生まれ、高校生のときから革命運動に参加した。一九〇三年、ロシア社会民主労働党に入党した後「プロ革命家」の生活をした。一九〇六年からメンシェヴィキ派に近く、トロツキーの協力者と友人になり、一九一七年に彼と共にボリシェヴィキ党に入党した。

ボリシェヴィキ革命の勝利直後、ヨッフェはドイツとの休戦交渉にソビエト代表団を指導し、講和条約締結後駐独全権代表（大使）に任命された。一九二〇年、ポーランドと休戦協定について交渉し、エストニア、ラトビア、リトアニアと講和条約について交渉した。一九二一年、ポーランド・ソビエト戦争を終らせるためリガ平和条約を準備した。一九二二年、ジェノア会議に参加した後、駐中全権代表に任命された。一九二四年から駐墺全権代表を務めたとき重病の療治をしていた。一九二六年、衰える健康とボリシェヴィキ指導部との意見の相違により帰国した。

トロツキーの共謀者ヨッフェは左翼反対派に属した。一九二七年末、共産党のスターリン指導部により国外での治療を拒絶された後自殺した。トロツキーの共産党からの追放もその原因になった。ヨッフェの葬儀におけるトロツキーの賛辞は、ソビエト連邦内での最後の公式演説となった。

駐中ソビエト全権代表としてヨッフェは孫文と会談し、後者が中国共産党と協力するという仮定から、国民党を支援する協定に署名した。中国訪問の一方で、ヨッフェは日ソ関係を改善するため、一九二三年三月から後藤の招待で日本を訪れた。当時日本とソ連の間に国交が存在しなかったので、招待の公式な理由は重病を患っていたヨッフェの治療であった。

後藤・ヨッフェの長期的な交渉は新しい日ソ関係の実質的な出発点としてよく知られている。その内容は、国交の回復に限らず、石油などの使用権を含めた北樺太の将来、漁業問題、借金問題、ロシア内戦時に沿海州・極東で始まった日本人の商業活動など多数であった。ソ連側は「以前」の全ての条約、決定、権利などを拒否して、ゼロから新しい関係を設立する政策しかないと発言した。

後藤・ヨッフェ交渉は失敗に終わったとよく言われている。臨時漁業協定しか締結しなかったので、具体的な結果は殆どなかったと結論できる。後藤の代わりに日本側の公式な代表者となった川上俊彦公使はヨッフェとの新しい「非公式な公式交渉」をスタートさせたが、この交渉にも具体的な結果がなかった。

後藤・ヨッフェ交渉の重要な意味と意義は少なくとも二つある。一つ目は、日本は「労農ロシア」と呼ばれたソ連の新政権との交渉を始めて、この交渉が可能だと明らかになった。それは後のカラハン・芳澤交渉の前駆になった。後藤の熱心な努力がなければ次の段階はできなかっただろう。二つ目、ヨッフェとの交渉は政治家後藤新平とソ連の他の外交官・政治家との個人的な関係の出発点になった。政権、政策、イデオロギーの差異にもかかわらず、人間同士の意見交換から始まり対話に至った。国内及び国際政治のどの分野でも、後藤は人間関係を重視したが、日ソ関係の場合にも例外ではなかった。（ワシーリー・モロジャコフ）

十河信二（一八八四—一九八一）

十河信二（そごう・しんじ）

愛媛出身。一九〇九（明治四十二）年東京帝大法科大学政治学科卒。鉄道院に入る（総裁は後藤新平）。一九一七—一八年米国留学。一九二〇年経理局会計課長。一九二三（大正十二）年帝都復興院経理局長。復興局事件で収賄容疑のち無罪。一九三〇年満鉄理事、興中公司社長。一九三七年林銑十郎大将の組閣に関与。戦後一九四五年愛媛県西条市長、鉄道弘済会会長。一九五五年第四代国鉄総裁。一九五九（昭和三十四）年、島安次郎の息子・島秀雄とともに広軌東海道新幹線着工を実現。予算超過などを批判され一九六三年退任。

「大正十二年の九月末に私は復興院入りをして、経理局長の辞令を受領すると、直ちに帝都復興の根本方針に付いて後藤総裁と意見の交換をし度いと云うので、会見を申し込んだ。ところが当時総裁は非常に多忙であったために、晩の十一時半に会見することになった。私は金井清君と同道で桜田町の伯の私邸を訪問した。そして帝都復興事業の極めて困難なること、随ってこれに当る首脳者の撰択に付いては慎重の考慮を必要とすること、従って年輩や過去の地位経歴に拘泥せず、有為なる新人を登庸すべきであること等を縷述した。そうして太田圓三が最適任者であると推薦したのである。然るに総裁は、太田が技術家として経験浅く年齢が若いという故を以て賛成せられなかった。そこで金井と私は色々と太田の人物手腕力量を説明して、年齢とか過去の地位、経歴等を問題にす可からざる所以を力説したのであるが、巳に内定していると云うので、総裁の容るるところとならなかった。（略）そこで私は、後藤新平巳に老いたり、後藤新平なればこそ、帝都復興の如き困難なる大事業も成し遂げられると思うて、自分はその傘下に馳せ参じたのであるが、最早その希望は水疱に帰した、こんなところに長居は無用だと云って、大声で総裁を罵倒して席を蹴って帰ってきた」。

翌朝、後藤は副総裁の宮尾舜二、松木幹一郎と相談し、十河の進言どおり太田圓三を採用することにした。それればかりか、辞表を叩きつけた十河をも採用したのである。十河の強引な談判は、太田の活躍に繋がり、結果として復興事業の展開におおいにプラスとなった。そして、十河の存在は戦後の新幹線の実現まで繋がっていったとも思われる。

（春山明哲）

前田多門（一八八四―一九六二）

前田多門（まえだ・たもん）

大阪出身。東京帝大法科大独法科卒。一九一六（大正五）年寺内内閣の後藤内相秘書官、内務省都市計画課長、一九二〇（大正九）年後藤東京市長の三助役の一人に抜擢される。二三年から三年間ＩＬＯ政府側委員としてジュネーブに赴任。駐仏大使館参事官などを務めて退官。二八（昭和三）年東京朝日新聞社論説委員。三八年退社。ニューヨーク日本文化会館館長、太平洋戦争勃発で帰国。新潟県知事、貴族院勅選議員。一九四五年東久邇宮内閣文相、幣原内閣文相。四六年公職追放。五〇年追放解除後、日本育英会会長、社会保障審議会会長、ユネスコ国内委員会委員長など、多彩な活動。

「想起するのは、故後藤新平伯が市長に選まれてその受諾を躊躇して居られた時、故渋沢子爵は切々の言を以てその就任を慫慂せられ、市の養育院長として、憐れな人達に代って御願すると言われた。後藤さんを動かしたのはこの一語であったと思う」（『渋沢栄一伝記資料』第三〇巻）。

「伯爵の市長就任に当って、先ず今迄の市長と大に異なる遣り口は三助役を悉く自分の意中の人から選任して新陣容を整えたことであった。（略）伯はこの三人の助役のことを「畳」といっていた。その理由を人が訊くと、「それはこうさ。ね、俺は市のことは何も判らん。だから三人の助役の言うことを聞いて、三人がよいと言えば、それに判をつくんだ。三つの田の下に宜と書くのさ、だから畳という字になるじゃないか、アハハハハハ」。（略）それから伯はまた、三人のことを「文殊さん」ともいった。三人寄れば文殊の知恵をもじったものである。こういう綽名を付けることが、伯は大好きであった」。

前田多門は、後藤の補佐役であるとともに、怜悧な観察者でもあった。例えば、後藤が自分の俸給を市に寄付したことについてこう述べている。

「市に寄付をなし、市の社会教育費に充てたのである。それが基礎となって今迄市が余り触れなかった社会教育、通俗教育の方面に眼醒しい進出があったのである。今の上野の自治会館なぞは之の頃の産物であって、後藤市長の社会教育に対する熱意の一記念物である。市長の考えでは、市政は市民の諒解なくして出来るものではない。それには市民が簡単に一目瞭然、市政万般の現況を理解し得るような設備を作る必要がある」。これが契機となり、一九二二年十月一日、上野に自治会館という市民のための文化情報センターがオープンした。

（春山明哲）

鶴見祐輔（一八八五―一九七三）

鶴見祐輔（つるみ・ゆうすけ）

昭和期の政治家、著述家。群馬県に生まれ、東京帝国大学在学中に新渡戸稲造から自由主義を学び、親米的な考え方も含めて思想的影響を強く受けた。実家の没落による経済的な理由と政治家を志望したことから、大学卒業後は官界に入り、内閣拓殖局に勤務。その後、後藤新平の長女・愛子と結婚したことで後藤の影響下となり、一九一一年に鉄道省に転勤。以後約一四年間にわたり官界にあったが、鶴見の特徴は、後藤の配下から離れた退官後の自由人・国際人としての活動、すなわち日本の立場を海外の世論に訴えかける「広報外交（パブリック・ディプロマシー）」にある。戦間期アメリカ各地において五〇〇回以上もの講演を行い、多くのアメリカの大衆に感動を与えた。ウィルソン大統領、F・ローズヴェルト大統領をはじめ、アメリカ政府要人や知識人と交流を図った。小説や伝記などの文筆活動にも才能を発揮し、太平洋問題調査会の国際会議でも雄弁を揮った。

戦前は、四回衆議院議員をつとめたが、戦時中、戦争遂行内閣に協力したために、終戦後は公職追放を受けた。一九五〇年に追放を解除されると、国土防衛民主主義連盟を組織し、また太平洋協会を復興させて活動した。一九五三年、参議院議員に当選。長女は社会学者・鶴見和子、長男は哲学者・鶴見俊輔。

後藤を補佐させようという新渡戸の意図によって、後藤の女婿となった鶴見は、官界時代のほぼ全時期、後藤から命を受けて多くの海外出張を経験し、それが後年、彼の広報外交の下地となった。例えば、新渡戸の対米講演旅行に随行、鉄道省英文案内執筆のための南洋旅行、造船用鉄二万トンを得るための対米交渉、第一次世界大戦直後の欧米視察、中国視察旅行、アメリカ政治学者ビーアドとの仲介など、いずれも後藤の後ろ盾で実現したことである。しかし、鶴見は、後藤のような華やかな大人物の影響下、すなわち官界を離れてはじめて自由人として国際的な活動を展開することが可能となり、自己を開花させ得た。

その鶴見は、約二十年間家庭の内外で、後藤の偉大さと人間臭さの両面を捉えていた。例えば、後藤の衝動的な性格は、時には相手構わず落雷する「癇癪もち」として表れ、一方、人を説得する時には一転して、多くの人々を強烈に魅了する「愛嬌」として表れたという。後藤が常に新しいものを追求したのは、進歩的な気質にもよるが、この感受性の鋭敏な、衝動的な性格によるところが大きかったと鶴見は見ていた。

後藤は医学で身を起こしたが、その頭脳は分析的・批評的ではなく、統一的・総合的であった。細かい論理を理性的にたどって結論に達するのではなく、鋭敏な感受性、すなわち直観によって物事を判断した。非常に粗雑、独断的、一掃的であった。しかし、そこに実行家としての後藤の特徴があったと鶴見は述べている。直観によってある結論に悟入《ごにゅう》すると、ほとんど宗教的情熱をもって突進した。その情熱は、例えば、混乱の中からの秩序創造（新植民地の台湾、未開拓地の満洲、関東大震災直後の帝都）や、難局にもひるまぬ邁進（板垣退助を大胆に治療、中村藩主相馬誠胤を獄中から救出、ヨッフェを招請）として表れた。そのように側近にいて、後藤の人物像を知る鶴見は、後藤の没後、『後藤新平』の編纂執筆にあたったのである。

（上品和馬）

大杉　栄（一八八五―一九二三）

大杉　栄（おおすぎ・さかえ）

香川県丸亀生まれ。軍人だった父の意向で陸軍幼年学校に入るが退学処分となることがあり、東京外語仏語科を卒業。在学中に足尾鉱毒事件に関心をもち、一九〇五（明治三十八）年より平民社に出入りし社会主義運動に身を投ずる。〇六年東京市電値上反対事件で入獄、翌々年赤旗事件で再入獄。幸徳秋水らによるとされた大逆事件に、大杉は獄中にあったため連座を免れた。出獄後、売文社に身を寄せたが、執筆自重に耐えられず、荒畑寒村と『近代思想』を創刊、自我の確立は必然的に叛逆に帰結する文学を目ざした。労働運動の実際に進むうち一六（大正五）年葉山日陰茶屋における恋愛事件を機に伊藤野枝と家庭をもつ。二〇年上海コミンテルン極東社会主義者大会、二二年ベルリン国際無政府主義大会に出席、翌年パリのメーデー集会で検束され国外追放。帰国して関東大震災の際、伊藤野枝らとともに軍部によって虐殺された。

大杉栄は『自叙伝』のなかで、堀保子、伊藤野枝、神近市子、それに辻潤がからんだ葉山事件によって自分が深刻な試練を受けたことを詳述している。——ある晩、隣りの寝床で悶々としている「彼女」が金の話を持ち出す。そして「野枝さんが綺麗な着物を着ていたわね」と言う。「彼女」に金の出所を話していなかったが、それは時の内務大臣後藤新平君からもらってきたものだとして、そのいきさつを次のように記す。

僕（大杉）はまず、杉山茂丸を訪ねる。杉山は僕に「白柳秀湖だの、山口孤剣だののように」軟化するように、せめて国家社会主義くらいのところになれと勧めた。…杉山は無条件では一文もくれなかったが（略）話の中に時々出た「後藤が」「後藤が」という言葉が、ある一案を暗示してくれた。…永田町に後藤を訪ねる。

会うなり後藤は「一番先に聞きたいのは、どうしてあなたが今のような思想を持つようになったかです」と訊ねる。僕は、その話もいずれしましょうが、今日は金を戴くことが重大問題なんです。いま生活に非常に困っているんですと答え、内相に無心するのは、政府が僕らを困らせているのだから当然だと言った。かくて僕は三百円を懐《ふところ》にして家に帰る。その金のうち、五十円はしばらく金を持っていっていない保子のところへ、三十円は、ぼろぼろの寝衣一枚でいる伊藤へ、質入れしてあるお召の着物と羽織を受け出させるために、あとの二百円は月刊雑誌刊行の諸費用のためにということになった。

「彼女」に金のことを言い出された僕は憤慨して、「君に借りた分はあした全部お返しします」と言って「彼女」を突き放す…そして深夜、僕は咽喉に刃傷を受けた。

なお、伊藤野枝の後藤新平宛書簡一通が保管されている。葉山事件の翌々年、大杉がささいなことによる公務執行妨害で八日間拘留されたさい、伊藤は内相後藤に面会を求めて手紙を出したのである。（市川元夫）

正力松太郎（一八八五―一九六九）

正力松太郎（しょうりき・まつたろう）

富山県出身。東大独法科卒。警視庁に入り、米騒動や東京市電ストなどの鎮圧にあたる。一九二三（大正十二）年、難波大助が摂政宮皇太子（のちの昭和天皇）のお召自動車に発砲した「虎ノ門事件」の警備責任を負って辞任、翌年懲戒免官となった。これを機に官界を離れ、後藤新平から一〇万円を借りて読売新聞を買収、七代目の社長となった。

徹底した大衆化路線を進め、二五年、ラジオ版二頁を新設、日曜夕刊を始め、のちに平日も夕刊を発行した。スポーツ欄の新設、色刷り漫画、色刷りの少年新聞の創刊など次々と斬新な企画を打ち出し、三四（昭和九）年には、職業野球団大日本野球倶楽部（読売巨人軍の前身）を創設。戦争ムードも巧みに利用しながら部数を伸ばし、読売を三大紙の一つにまで飛躍させた。

敗戦後はA級戦犯容疑の指名を受け、四六（昭和二十一）年公職追放されるが、五一（昭和二十六）年追放解除、翌年には大阪読売新聞を創刊し、全国紙体制を実現した。同年、初のテレビ放送予備免許を受けて「日本テレビ放送網」を発足させ、社長に就任。五四年には読売新聞社主となった。五五年に衆院選で当選、第三次鳩山内閣で北海道開発庁長官、原子力委員長、科学技術庁長官、岸内閣でも同職に就任した。

一九二三年十二月の虎ノ門事件で、警視庁警務部長だった正力は引責辞任した。退官あいさつに行った正力に後藤新平は「正力君、ここに一万円ばかりある。これをやるから洋行でもして、見聞を広めてくるのもよかろう」とねぎらった。正力は、郷里に兄がいるからと言って丁重に断った。それから三週間ほどして、赤字続きの読売新聞を買わないかという話が正力に持ち込まれた。ただし、直ちに十万円を用立てるというのが条件だった。そんな大金があるわけがない。ふと浮かんだのが後藤新平だった。

正力は、伊豆長岡の別荘で療養中だった後藤を訪ね、十万円の恩借を頼んだ。後藤はちょっと考え、その金は引き受けた、二週間もすればできるだろうと言い、こう付け加えた。「正力君、新聞経営はなかなか難しいそうだよ。もしうまくいかなかったら、きれいに捨てて、金に未練を残しちゃいかんよ。金は返す必要はないからな」「おれが金を出したと人に言うなよ。後藤という奴は、金を出すような顔をして出さん奴だと言いたまえ」

正力はこれを機に、発行部数わずか二万部の零細新聞社を、わが国を代表する大新聞に成長させることになる。正力は、この十万円は後藤が懇意にしている経済人に立て替えてもらったとばかり思っていた。二九年に後藤が亡くなったあと、麻布の家屋敷を担保に工面したことを知った。

男泣きに泣いた正力は、後藤の十三回忌にあたる四一年十一月、報恩の気持ちを込め、後藤の故郷の岩手県水沢に、後藤から借りた十万円の倍の二十万円を寄付、日本で初めての公民館、後藤伯記念公民館が建てられた。その贈呈式で正力は、後藤の処世訓「一、人のお世話にならぬよう。二、人のお世話をするよう。三、そしてむくいを求めぬよう」を参会者や読売社員に配って、後藤の恩に報いた。

（橋本五郎）

大川周明（一八八六—一九五七）

大川周明（おおかわ・しゅうめい）

山形出身。国家主義者。東京帝大卒（宗教学専攻）。一九一三（大正二）年、ヘンリー・コットンの『新インド』を読み、アジア問題に目覚める。一九一五（大正四）年、インド人革命家グプタと出会う。翌年、グプタをかくまい、他方でフランスの詩人ポール・リシャールと出会う。一九一七（大正六）年、押川方義の後援で全亜細亜会を組織し代表となる。一九一八（大正七）年、満鉄東亜経済調査局に嘱託として採用される。この年、老壮年会を結成。一九一九（大正八）年、猶存社を結成。満鉄職員となり、東亜経済調査局編輯課長となる。

一九二〇（大正九）年、拓殖大学教授を兼任する。一九二三（大正十二）年、東亜経済調査局調査課長となる。一九二五（大正十四）年、行地社を創立する。また『月刊日本』を創刊する。安田共済事件で、北一輝と決別。

一九二七（昭和二）年、東亜経済調査局主事に。一九二九（昭和四）年、東亜経済調査局が満鉄から財団法人として分離独立し、大川が理事長となる。一九三一（昭和六）年三月、十月にクーデターを企てるが未遂。一九三二（昭和七）年、神武会を結成。五・一五事件で資金を供与、一九三五（昭和十）年に入獄。一九三七（昭和十二）年、仮出所を許される。一九三八（昭和十三）年、法政大学大陸部長となる。この年、東亜経済調査局付属研究所（大川塾）を開設する。戦後Ａ級戦犯として逮捕されたが、精神変調をきたし、一九四七（昭和二十二）年、不起訴釈放。

満鉄の東亜経済調査局は、後藤新平が京都帝大の岡松参太郎に創設と運営を委嘱し成立した。大川周明は、後藤・岡松構想を継承する体現者といえる。また、後藤に請われた拓殖大学では、植民史・植民政策・東洋事情講座を担当し、後藤の期待に応えた。

以上を背景に、大川の後藤追悼の声を聞いてみる（「後藤伯爵」『吾等の知れる後藤新平伯』）。

伯は科学者として諸の計画を立てて居る。而して科学者は常に最も小心であり乍ら、同時に最も大膽なるものなるが故に、伯の計画も、他人から見れば大架裟でもあったろう。

また、日露関係についても述べる。

伯が色々な非難を浴びながら、夙《はや》くから労農ロシアと交際し、その信頼を得て居たことも、また伯の経世的偉大を物語る。ロシアが如何に不届な国であろうとも、日本国中に一人もロシアと口を利き得るものが居なくては、不便不利も甚しいものと言わねばならぬ。

ここには、ある種の苦衷も察しえる。後藤のヨッフェ招致は、日本に大いに波乱を生んだ。それは大川らの結成した猶存社にも及んだ。大川・満川亀太郎のヨッフェ支持を、北一輝は認めなかった。よって、独断で『ヨツフエ君に訓《おし》ふる公開状』を配布した。これがきっかけとなり、ついに結成四年で猶存社は解散に至ったからである。

なお、東亜経済調査局付属研究所（大川塾）は毎年全国中学校修了者から二十名を選抜し、二年間の基礎教育後、西南アジア方面に派遣するという、任地での実務従事者の育成機関であった。これは少年団に未来を託した後藤の活動に通じる。そうした意味でも、大川は後藤精神の継承者であった。

（能澤壽彦）

田辺定義（一八八八―二〇〇〇）

田辺定義（たなべ・さだよし）

鳥取出身。京都帝国大学経済学部卒業。一九一二（明治四十五）年、呉から上京し東京市役所に入る。一九二二（大正十一）年、後藤新平が（財）東京市政調査会を設立した直後から、財団の組織・機構並びに調査研究の基盤を確立した。以来、参事・研究員・嘱託・常務理事・専務理事・副会長・理事長として四十数年にわたり努力を重ねた。多くの調査研究中、特に一九三〇（昭和五）年から二年間をかけた「公益企業法案」の重要部門を担当し、心血を注いだ。これは後年の帝都高速度交通営団法・日本住宅公団法、地方公営企業法など一連の関係法制定に大きな影響を与えた。

一九三八（昭和十三）年から一年間、外務省嘱託となり渡米する。ニューヨーク日本文化会館創設事務に参与。この間ベルギーで開催した国際都市会議にも出席した。戦時中は翼賛政治会事務局参与。

戦後、東京市政調査会は財政的困難に陥ったが、常務理事として経営に努力し、打開克服した。一九四七（昭和二十二）年、地方行政の暗中模索の時代に、各市の要望に応え、日本都市連盟が成立する。全国都市の連繋団体だが、その初代事務局長を務める（同連盟は一九五二年全国市長会と発展的に統合）。

一九五二（昭和二十七）年、（財）公明選挙連盟が発足、実質的創立者は田辺。その一環で、田辺構想から「明るく正しい選挙推進全国協議会」を立ち上げる。

後藤新平の人間性について、田辺定義はインタビューのおりに語る。相馬事件での入獄中に人々から受けた親切を、後藤は生涯忘れず、その当人の次世代の者まで大切にした、と。

また、後藤満鉄総裁の沿線巡視の際、四平街で、ある朽ちた木製の十字架を見付けた。それは日露戦争中、鉄橋か何かの破壊工作を企てて捕まった日本人のもので、ロシア軍の手で葬られた。そこにはロシア語で「神よ、この勇士の上に栄光あれ」と記されていた。

聞いた後藤総裁は（略）涙で顔をクシャクシャに濡らしながら秘書に命じて即刻この十字架を永久性のものに改造するようにしたとのことです。（略）困った境遇の人たちには随分涙もろいところがあって、これらにみついだカネは相当のものだといわれます。

また、後藤の相談相手になって支えた面々について問われて答えた。まずは永田秀次郎、そして田中清次郎が目立った。

その他ずけずけ直言するのは田島道治・中村是公。事柄によっては新渡戸稲造・前田多門、浜野茂という実業家、同盟通信を創立した岩永裕吉、女婿の鶴見祐輔などの諸氏でしょう。

後藤は直言者を身辺に置いた。なお、新渡戸と徳富蘇峰における後藤評の一致についても述べる。

後藤は政治家ではない、偉大なる実務家だというのです。私はこの意味はよく分かります。

田辺は後藤の実務家精神を継いだ。また、戦後の公明選挙推進運動への献身も、後藤の「政治の倫理化」運動の継承としての面があろう。

（参考・出典『市政奉仕七十年　田辺先生の語る』東京市政調査会内・田辺さん九十寿記念刊行会、一九七八）　（能澤壽彦）

カラハン（一八八九―一九三七）

レフ・ミハイロヴィッチ・カラハン（Лев Михайлович Карахан）

ソビエト初代外交官の一人。

アルメニア人弁護士の家族に生まれた。一九〇四年、ロシア社会民主労働党メンシェヴィキ派に入党して、「プロ革命家」になった。一九一七年、トロツキー、ヨッフェ等とともにボリシェヴィキ党に入党した。ドイツとの休戦交渉にソビエト代表団の書記長になり、一九一八〜一九二〇年、外務人民委員代理（外務次官）を務めた。一九二一年、駐ポーランド全権代表（大使）、一九二三〜一九二六年、駐中全権代表として派遣されて、中国革命の支持政策を行った。

ティテェーリン外務人民委員（外相）に政治的及び個人的に近かったカラハンは、ソ連の外交政策で重要な国との関係強化に当たった。スターリン独裁が強化されていく一九二七年から一九三四年にかけて再び外務人民委員代理となり、ソ連の「東洋」外交の実行を担当した。一九三四年から駐トルコ全権代表を務めたが、大粛清時代の開始以降は逃れられず一九三七年に帰国させられた直後逮捕・処刑された。

外交官としてカラハンに対する評価は見解によって違うが、現在では基本的に高い。

カラハンは、ソ連の国益から見て、イギリス・フランスの欧州列強を中心とする「西洋外交」より、トルコ・イラン・中国・日本との「東洋外交」がより有望だと考えた。そして、彼は駐中全権代表として中国との国交改善のために熱心に努力して、日本とも国交回復の交渉を始めた。カラハンと日本の芳澤謙吉公使との長期的で難しい交渉の結果、一九二五年一月に日ソ基本条約が締結された。

公式の相手は芳澤であったが、交渉のスタート直前カラハンは後藤新平宛に重要な書簡を執筆し、ソ連から見た日ソ関係の将来を提案した。また後藤の秘書である森孝三も、北京でカラハンとそのスタッフと頻繁に接触した。国交回復後、ソ連の主要な目的は日本との不可侵条約のような政治的決定を締結することだったが、日本政府は先に漁業協定と通商条約の締結を提案した。ソ連はブルジョワ日本との政治的協力を信用していなかったが、世界でそのイメージを作りたかった。日本は労農ロシアの政治的協力を信用していなかったし、そのヴィジョンも欲しくなかったのである。

一九二七年末の最後のロシア訪問の際、後藤には公式な権限はなかったが、権威と政治力はまだ残っていた。カラハンとチチェーリンは日本からの重要な来賓として後藤を歓迎した。後藤は、まずソ連側と中国問題に関して意見を交換するつもりがあり、日本とソ連との間に相互理解の関係をつくることを強く希望していた。後藤個人に対する評価にもかかわらず、ソ連の幹部は日本を信用しておらず、カラハンも例外ではなかった。モスクワでは後藤の様々な提案は拒否された。

しかし後藤の死亡直後、カラハンは日本大使館と後藤家に哀悼の意を表し、そのスタッフは「我等の友の一人」後藤の弔詞を準備した。

（ワシーリー・モロジャコフ）

堤康次郎（一八八九―一九六四）

堤康次郎（つつみ・やすじろう）

滋賀出身。実業家、政治家。西武グループ創業者。早稲田大学政経学部在学中から会社を経営する一方、植民政策学の永井柳太郎と親交を結ぶ。一九一三（大正二）年、桂太郎主唱の立憲同志会創立運動に参画する中で、桂から後藤を、後藤から実業家の藤田謙一を紹介される。卒業後、永井が主筆の大隈重信の雑誌『新日本』に関わる。一九一四（大正三）年、永井の公民同盟会運動に絡む『公民同盟叢書』の刊行を手伝う。のち新日本社社長に就任。また、藤田と共に東京護謨（株）を設立。一九一八（大正七）年に軽井沢開発に着手する。翌年には箱根の土地開発に着手。更に伊豆半島や東京近郊の開発にも乗り出し、大泉・小平・国立などの学園都市化をも推進する。

一九二八（昭和三）年、多摩湖鉄道を創立し、また日本初の有料自動車専用道路事業にも着手。一九四五（昭和二十）年、武蔵野鉄道、旧西武鉄道と食糧増産（株）を合併し、社名を西武農業鉄道とする（翌年社名を西武鉄道に改める）。

政治家としては、一九二四（大正十三）年の衆議院議員総選挙に初当選。一九三二（昭和七）年、斎藤内閣で永井拓相の下、拓務政務次官に就任する。

戦時中は大政翼賛会中央協力議員に。

戦後は公職追放を受けるが、解除後一九五三（昭和二十八）年、衆議院議長に就任する。なお、息子・堤清二は西武の事業家にして、作家・辻井喬。

後藤新平は、堤康次郎青年が持つ桁違いの実力をいち早く見抜いた。堤は感激し、足繁く後藤を訪問しては諸々の助言を得ていた。後藤が与えた揮毫の筆の一節（小早川隆景座右の銘）に、こうある。

おもしろの春雨や　花を散らさぬほど／おもしろの武道や　文事を忘れぬほど
おもしろの好色や　身をほろぼさぬほど／おもしろの利慾や　蒙理の道ふつからぬほど

堤への親心的人生訓である。

堤の地域開発事業の原点は、信州浅間の沓掛地区である。堤は戦後、当時を回想して語る。沓掛の駅から千ヶ滝まで七間道路（約十二メートル）を作った際、土地の人たちは、

道は二間（約三・六メートル）もあればたくさんだというんだ。（略）ところが、後藤新平さんに相談したら、七間じゃすくなすぎる。二十間（約三十六メートル）はなければ将来道路として役に立たなくなる、と忠告された。

（『信濃毎日新聞』昭和三十八年）

後藤に育まれ、「道路の堤」の異名をとるようになった。また、彼は夙《つと》に東京周辺町村への人口流出を予測していた。そこで、大正十一（一九二二）年から「目白文化村」事業を企て、実現させた。これは後藤らの抱いた「田園都市」構想の具現化でもあった。堤は大正十二（一九二三）年に語る。

神の創造した武蔵野と人の建設せる都会との折衝地帯たる目白文化村は天恵と人為の利便を兼ね備へた現代人に相応しき安住の地であります。

（『東京朝日新聞』）

後藤と堤には確たる絆が窺える。未発掘の両者の関係史も多く潜むはずである。

（参考『堤康次郎』（株）エスピーエイチ発行、一九九六）

（能澤壽彦）

亀井貫一郎（一八九二―一九八七）

亀井貫一郎（かめい・かんいちろう）

東京出身。政治家。情報分析官。一九一四（大正三）年、東京帝大法学部在学中、外務省通商局総務課属官を拝命。一九一六（大正五）年、後藤新平外務大臣より国際情勢分析の特別作業に従事すべしとの内命を受ける。翌年、帝大卒、天津総領事代理を拝命。一九一九（大正八）年、紐育《ニューヨーク》総領事館勤務を命じられ、同時に大正五年の内命に基き国際情勢分析の任務に就くべく、特殊学科の学習を命じられる。かつ参謀本部作戦第二部特別嘱託として情報勤務兼勤を命じられる。

一九二八（昭和三）年、社会民衆党から立候補、当選（以下歴年当選）衆議院議員に。一九三二（昭和七）年、麻生久と共に社会大衆党結成。一九四〇（昭和十五）年、大政翼賛会総務、東亜部長を拝命。一九四三（昭和十八）年、内閣技術院、陸海軍省に協力する「財団法人聖戦技術協会」が設立され、理事長に就任。

戦後は一九四五（昭和二十）年、米国占領軍総司令部より同協会の存続を認められ、「常民生活科学技術協会」と改称。理事長を務める。一九五一（昭和二十六）年、海外事情研究会（水曜会）事務局を設け、常任講師として、定例口頭報告を開始。一九五六（昭和三十一）年、米国大使館武官府および軍事顧問団、米国の日本研究政策立案グループの要員に対し、定例英語講演を開始。一九六二（昭和三十七）年、伊藤忠で、技術時代学と防衛需要予測などについて定例講演を開始。一九六五（昭和四十）年、住友商事社長顧問役を拝諾。

亀井貫一郎は、昭和四十九（一九七四）年、評論家・草柳大蔵との対談において、大正期を回想して語る。

「大正七（一九一八）年に後藤新平外務大臣がこられた。私は学生時代にやった中国革命運動の関係でお目にかかっていたわけですよ。そんな関係でいろいろ教えて頂いた。ある日、急に座を改めて、『亀井くん、外務省で局長だ、公使だ、大使だという陽の当る街道を行こうという考えをやめなさいよ』と言われた。私はちょっとびっくりしましてね、官僚ですから。後藤先生は、『われわれは外務省で、いまの政策でどうやろうというんじゃなくて、一つの世界史というものを見通すという見地に立った情報部を作りたいんだ。だからきみは外務省在官のまま、どこでも勉強させるから勉強しろ』ということなんですよね」

（『中央公論』六月号）

欧州大戦後、パリでの処理会議で、学者ばかりの小委員会があった。イギリス外務省を代表してアーノルド・トインビー、ドイツを代表してマックス・ウェーバーらが出席した。亀井も参加し、その縁でウェーバーに弟子入りする。彼から生物学者のアドルフ・ポルトマン、物理学者のウィルヘルム・オストワルトらを紹介された。イギリスでは言語学者のセーヌに就いた。他に言語哲学のT・タッシン（コロンビア大学）、技術哲学のL・マンフォード（ハーバード大学）、地政学のW・ハウスホーファー、等々に就いた。

欧州大戦、ロシア革命などの世界激動期に、世界最高水準の学知に触れて研鑽した。ある種高等国策的な知性を体現し、昭和の政界、その他で活躍した。その原点には、帝大生亀井の大きな力量を洞察し、世界的な活動の場を与えた後藤の存在があった。亀井はその後の人生で、存分に後藤の期待に応えた。

（能澤壽彦）

（参考・出典、高橋正則『回想の亀井貫一郎』（財）産業経済研究協会、二〇〇〇年）

河﨑きみ（一八九六―一九七一）

河﨑きみ（かわさき・きみ）

東京生まれ。幼い時から吾妻徳穂の母、藤間政弥に踊りの手ほどきを受ける。筋が良かったため勧める人があり、十四・五歳で、新橋花柳界に吉三升家から桃千代の芸名でお座敷に上がる。当時、芸名が千代で終わる三人の芸者が「新橋の三千代」として評判を取るが、その一角を占める。

間もなく、第二次桂内閣の逓信大臣に就任して満鉄総裁職を降り、東京に戻った後藤とお座敷で出会う。時に後藤五十三・四歳、きみ十四・五歳、歳の差約四十。大正に入ると、桃千代は新橋を引き、後藤の世話になる。二人の間には男子五人、女子二人が生まれる。子供たちは新平の腹心の者の実子として育てられる。この間に和子夫人が大正七年、五十三歳で逝去する。きみは夫人の七回忌を終えた後、後藤が亡くなるまでの間、麻布後藤家の敷地内の別棟に住まい、晩年の後藤に仕えながら、末の二人を育てる。後藤が亡くなった時、きみ三十三歳。間もなく後藤家を出て、預けていた子供たちを養子として自分の籍に入れ、育て上げる。

後藤新平の出は、奥州水沢。維新後、薩長が幅を利かせる中、朝敵・賊軍として帰農を余儀なくされ、周囲には屯田兵として北海道に移住する者も多かったという環境。十二歳のときに胆沢県大参事として赴任して来た、安場保和に給仕として雇われたことで、医者への勉学の道筋を得ることができた。きみは、その大恩人の次女が妻という、後藤の立場をよく理解し、あくまで控えめに後藤に尽くした。

後藤はふたりの間のはじめての男の子を他人に預けたあと、きみを当時の茶道の中心地、小田原に一年間修行に出し、戻ると、与えた家に、長年に亘り元勲の夫人やむすめたちの教育に経験を積んだ下田歌子を通わせるなどして、きみを学ばせた。

後藤は色紙に漢文で「時を待ち、分を守り、機を知り、寡黙なれ。大才あらば、必ず大用あらん」と、また袱紗に「何事もめゝしく　なにたゆたハむ　ますら男の子の　妻となる身は」と書き、きみに贈っている。かなり後藤にとって都合の良いことばではあるが、きみの後藤に対する尊敬の念は、尋常ならぬものだったので、こうした後藤の言葉を守り、後藤の最晩年約二十年を影で支えた。

鶴見祐輔の手になる後藤の正伝には、後藤新平の名を汚さぬようにとの配慮がなされているが、きみはその想いを誰よりも強く抱いて七十四年の一生を終えた。このとき、後藤の死後きみの養子という形で河﨑家のきょうだいとなった六人の子供たちは、それぞれ働き盛りであったので、ひとりの老女の葬儀には似つかわしくない数の会葬者を集めたが、その殆《ほとん》どが後藤ときみとの過去を知らなかった。

（河﨑充代）

三島通陽（一八九七―一九六五）

三島通陽（みしま・みちはる）

ボーイスカウトの指導者。小説家・劇作家・演劇評論家。子爵。

祖父は三島通庸。父は第八代日本銀行総裁を務めた三島弥太郎。

一九〇七年英国でベーデン・パウエル卿によりボーイスカウト活動が開始されると、翌年にはその資料が当時の文相・牧野伸顕のもとに兄のベルギー大使秋月左都夫から届くなど、その情報は非常に早く日本に伝わった。来日した英国のキッチナー元帥も、明治天皇から学習院院長を命ぜられた乃木希典に、資料写真を届ける。乃木は学習院を全寮制にして生徒とともに生活し、ボーイスカウトを取り入れた野営などを行った。三島は生徒としてこの指導を受けた後、学習院を中退し、一九二〇（大正九）年弥栄《いやさか》ボーイスカウトを創設した。

一九二二（大正十一）年後藤新平を中心として初の全国組織「少年団日本連盟」が結成されると、二十五歳でボーイスカウト日本連盟初代副理事長兼中央実習所所長に選任される。以来、一貫してこの運動に力を尽くした。

昭和四年から貴族院議員。二十二年参議院議員一期。文部政務次官。一期の後一九五〇（昭和二十五）年に第四代総長に選出されると、ボートスカウト総長には政党色は望ましくないと政治から引退した。

一九五九（昭和三十四）年藍綬褒章受賞。

昭和四十年　毎日新聞での「ボーイスカウト十話」連載執筆が絶筆となる。

大正二、三年ごろから、あちこちで少年団が作られ始めたが、その内容は子供会から兵隊ごっこのようなものまで種々雑多であった中、三島は大正九年に弥栄《いやさか》ボーイスカウトを創設した。

大正十年、昭和天皇が皇太子として英国訪問の折、ボーイスカウトの創設者パウエル卿に謁見した折、日本に於いても少年団が盛んになることを望むと仰った。この御言葉を受け、英国皇太子エドワード八世（一八九四―一九二七）の来日が決まると、後藤新平を総長に迎え、少年団日本連盟が結成された。後藤はボーイスカウト世界事務局に申請登録して、国際的な運動の一員となる事を決め、その夏の世界ジャンボリーに日本各地からの指導者二四人を送り出した。また、一方で日本古来の郷中制度などを研究するため、三島を伴い鹿児島の老人たちから、聞き取り調査を行ったりもした。三島によると晩年の後藤はスカウト運動にとりわけ熱心だった。大正十二年東京市長辞職時に慰労金として受け取った十万円全額を少年団日本連盟に寄付し、普及のため精力的に地方に出向き、講演を行い、先々で「人の世話にならぬよう。人のお世話をするよう。そしてむくいをもとめぬよう」の「自治三訣」を説いて回った。

三島を呼び、「よく聞け、金を残して死ぬ者は下だ。仕事を残して死ぬ者は中だ。人を残して死ぬ者は上だ。よく覚えておけ」といったのが、旅に発ち車中で倒れる前の最後の言葉になった。後藤が車中で倒れ、京都に運ばれたとの一報で、ボーイスカウト関係者も病院に駆けつけ、病室への移動から京都駅での特別霊柩列車の見送り、東京駅でのその出迎えや、自宅での通夜の交通整理など、三島はボーイスカウト少年たちを指導して、後藤の最期を整えた。

（河崎充代）

椎名悦三郎（一八九八―一九七九）

椎名悦三郎（しいな・えつさぶろう）

岩手県出身。官僚、政治家。父後藤広は小学校の教師から、水沢町の助役を経て、岩手県議会議員となり、さらに水沢町長を十年務めた。

悦三郎は小学校四年時に一人で上京し学僕になるが、夜学にも通わせてもらえず、三軒も転宅。旧制二高卒業後、東京帝大入学と同時に、後藤新平の姉の婚家である椎名家に養子に入る。卒業後は農商務省に入省。農商務省分離後は商務省で、岸信介の下、満洲国統制課長、産業部鉱工司長。日本に戻り戦時下、物資が窮乏する中、物資統制、調整に実績を上げ、商工大臣、軍需次官だった岸信介を支えたが、終戦と同時に退官。一九五五年の衆議院選挙に岸の誘いで日本民主党から立候補し当選する。当選二回で岸内閣の内閣官房長官に就任。さらに通商産業大臣、外務大臣を歴任。日韓基本条約の締結交渉を、謝罪の文言を盛り込むことなく、また請求権を打ち切った事を明文化して、条約締結にこぎつけた。田中内閣では副総裁。

田中角栄が金脈問題で退陣表明すると、後継総裁選びは難航を極め、自民党は分裂も予想された。副総裁である椎名に後継総裁を裁定する機会が訪れ、本人も「晴天の霹靂だ」とつぶやく三木武夫を推挙して、自民党を分裂の危機から救った。

一九七九年の衆議院選挙には出馬せず、次男の素夫に地盤を譲り、政界を引退し、その選挙期間中に亡くなった。

悦三郎の義母は新平の姉、初勢。このため、和子夫人が亡くなった後、しばしば新平の麻布の家に出入りして、特に大正九年から十二年にかけては足しげく訪問した。

東京帝国大学法学部法学科を卒業して農商務省に入ることになり、その報告を新平にすると、「それよかった。だがしかし、一片の法律を学んだだけで、物の行政をつかさどる農商務省が本当に勤まるはずがない。役人は、法律をいじり回して、専ら人と人との間の調整にあたる。しかしこれから大切になるのは、法律だけでは処理できない『人と物との関係』だ。ナチュラル・サイエンスを勉強し理解してからでないと、あまり役には立つまい。採用されたのは結構だから、それはそのままにしておいて、あと一、二年入省するのを猶予してもらいなさい。その間に北里研究所にでもはいって、ナチュラル・サイエンスを勉強せい」。といわれた。義母のところに戻ってこの話をすると、義母は一笑に付して、「叔父さんは、今の時世を知らないんだよ。そんなのんきなことを言っても人は待ってはくれません」と取り合わなかった。

が、あとになってこの後藤新平のことばに「なるほど」と思うことが何度かあった。ことに後年、満洲国に出向して新国家の産業政策を担当することになったとき、資源調査の資料も貧弱を極め、計画どころではない。そのとき後藤の叔父の忠告が蘇り、「私は自分の科学的知識のなさをいやというほど知らされた」と。

正力松太郎が新平没後に読売新聞を買収したとき、後藤が用立ててくれた十万円は、自宅を抵当に入れて調達したと知り、感謝の意を新平の故郷水沢に「記念公会堂」を建立して表そうとした。が、戦時中のことで民間への物資供給は制約され、建設は難航。この時の担当官庁、商工省の総務局長は椎名だったが、正力は新平と椎名が叔父・甥の関係であることを知らぬまま交渉を続け、建設に漕ぎ着けた。

（河﨑充代）

宮本百合子（一八九九—一九五一）

宮本百合子（みやもと・ゆりこ）

東京出身。小説家。建築家中条精一郎の長女。お茶の水高女時代、ロシア文学に熱中しはじめる。日本女子大英文科に入学した一九一六（大正五）年、祖母が住む福島安積郡の農村を舞台にした中編『貧しき人々の群』を書き、坪内逍遥の推薦で『中央公論』に掲載される。父の用務渡米に従い、アメリカ留学中知り合ったかなり年長の学生と結婚するが、四年後離婚。それまでの懊悩生活を描く『伸子』を『改造』に発表。二七（昭和二）年年末から第一次五カ年計画のはじまるソ連へ行き、その地の社会と芸術を視察、西欧諸国をも旅行し、三〇年に帰国。日本プロレタリア作家同盟に加盟、翌年日本共産党に入党。三二年宮本顕治と結婚。翌年、顕治は治安維持法等により逮捕され、敗戦まで収監される。獄中の顕治と百合子との往復書簡を編集した『十二年の手紙』は戦時下の貴重な人間記録。戦後約五年間の主な作品は『風知草』、『播州平野』、そして『伸子』とつながる自伝長編『二つの庭』、『道標』。

後藤新平十六歳で福島洋学校に通う明治六年、彼の応援者安場保和は福島県県令で安積野開拓に力を注いでいた。安場に協力して事業を推進するのが典事中條政恒。二人が殖産興業と失業士族救済を目的に、測量や図面づくりで安積野を歩き廻るとき、後藤は英語の勉強もそこそこに、安場らのあとを付いて歩いたといわれる。このときの中條政恒は建築家中條精一郎の父であり、中條（宮本）百合子の祖父に当たる。

最初の出会い以来、中條家（政恒―精一郎―百合子）と後藤家（新平――その母利恵）との間に、なんらかの交流がつづく。百合子の自伝小説『二つの庭』（一九四七）では、百合子は「伸子」、後藤新平は「藤堂駿平」として出てくるが、「伸子」の小説がはじめて雑誌にのったとき、それを読んだといって、上質の綿紗の反物をおくってくれた老婦人があった。その婦人は「藤堂駿平」の母だった、としている。また同書では、「伸子」は、「駿平」と父「佐々泰造」（中條精一郎）とは公式なつき合いばかりでない交際があるらしいことを思い出し、ソ連へ渡航するための旅券の裏書を頼むために、父と一緒に「藤堂」邸を訪れて承諾を得たとしている。

宮本百合子、一九二七（昭和二）年年末、ソ連へ。後藤新平、二回目の脳溢血に罹った身にもかかわらず、諸問題交渉のため同年同月、ソ連訪問。百合子の『日記』一九二八年一月三日欄には、モスクワにおける対外文化連絡協会主催の「後藤子爵歓迎会」席上の後藤の姿が記されているし、一月十五日欄には、流感にかかったらしい百合子の許へ、後藤が一行に随行する医師を派遣してくれたことが記されている。（市川元夫）

昭和天皇（一九〇一—一九八九）

昭和天皇（迪宮裕仁《みちのみやひろひと》）

一九〇一（明治三十四）年、東京青山御所（東宮御所）においてご誕生。称号迪宮《みちのみや》、諱は裕仁《ひろひと》。一九〇八（明治四十一）学習院初等科入学（院長は乃木希典）。一九一二年皇太子。一四年学習院卒業、東郷平八郎大将の東宮御学問所に入る。一九二一（大正十）年御学問所終了。ヨーロッパ五か国を歴訪。摂政となり、摂政宮《せっしょうのみや》と称する。一九二三年台湾行啓。九月一日関東大震災発生、十五日震災状況視察。十二月二十七日虎ノ門事件。一九二六（大正十五）年十二月二十五日第一二四代天皇に。昭和と改元。一九二八（昭和三）年即位の大礼。一九四一年十二月八日米英に宣戦布告。四五年八月十四日ポツダム宣言受諾、十五日終戦。一九五二年サンフランシスコ講和条約発効。一九七一年ヨーロッパ歴訪。七五年米国訪問。一九八九年一月七日崩御。

『正伝　後藤新平』によれば、裕仁皇太子・摂政宮時代を含めて昭和天皇に関係する記事は三回ある。

一九二二（大正十一）年五月八、九の両日、後藤東京市長は東京市政に関する御進講を行っている。その内容は市長就任の経緯からはじまって、いわゆる「八億円計画」を含む総合的な市政論であり、さらに明治四十五年の桂太郎との訪露の目的のひとつが「帝王学研究」のためであったこと、ドイツ人ミュンヒの「古今君主教育論」を東宮御学問所で翻訳したことなど、後藤の「君主観」の一端が窺える。

翌一九二三（大正十二）年九月二日、関東大震災の時、山本内閣の親任式は赤坂離宮内の萩の茶屋において、蝋燭の光のもとで行なわれた。後年一九二七（昭和二）年、昭和天皇は当時の閣員を集めてこの日の模様を再現させ、洋画家の和田英作に油絵を描かせている。九月十二日「帝都復興の詔書」発布、同十五日に摂政宮は焼土東京を巡視、後藤内相がステッキを手にして摂政宮の前に立っている写真が残っている。

関東大震災六〇年目の一九八三年、昭和天皇は記者会見で次のように発言されている。

「復興に当って、後藤新平が非常に膨大な計画をたてたが、いろいろの事情でそれが実行されなかったことは非常に残念に思っています」。

昭和天皇は一九二八（昭和三）年十二月六日、即位大礼の直後、築地海軍大学校附属地において、少年団日本連盟の代表四千余人を親閲した。後藤は少年団総長として連盟の加盟団数六三七、団員数八万一千余人等の現状を奏上している。

（春山明哲）

佐野 碩（一九〇五―一九六六）

佐野 碩（さの・せき）

演劇運動家、演出家。中国天津生まれ、東京帝国大学法学部中退。学生時代はメイエルホリドらのロシア前衛演劇に傾倒したが、一九二六年、共同印刷の争議を支援するトランク劇場への参加を契機にプロレタリア演劇運動に入る。二七年、佐々木孝丸らと前衛座の結成に参加。二九年、東京左翼劇場第一回公演で『ダントンの死』を演出。日本プロレタリア演劇同盟（プロット）書記長となる。佐野が演出した村山知義作『全線』の舞台はプロレタリア演劇運動史上最高の成果とされる。三〇年、逮捕され長期勾留、偽装転向して出獄。プロットの指令で出国し千田是也と交替して国際労働者演劇同盟（ＩＡＴＢ）の日本代表となる。モスクワに本部を置いたＩＡＴＢの書記局員を務めるとともに『国際演劇』（モルト）の編集委員となり、土方与志の日本脱出・ソ連入国にも奔走した。三四年からメイエルホリドの演出助手となるが、三七年、土方与志とともにソ連から退去を求められた。亡命先のメキシコでは公共芸術劇場の設立に貢献する一方、Ｔ・ウィリアムズ作『欲望という名の電車』Ａ・ミラー作『るつぼ』の演出で激賞された。メキシコの作家の作品の演出にも精力的に取り組み、独自の教育手法で優れた俳優を輩出させた。ユダヤ人マイノリティの演劇運動にも深く関わった。晩年、コヨアカン劇場を建設するが、主宰する劇場での活動を展開する前に持病の心臓病で死去。外国語の天才で、英仏独露西の言語を自由に操った。

後藤新平は佐野碩の母方の祖父である。大分県の医師の家に生まれた父佐野彪太は東京帝国大学医学部を卒業後、分家独立し留学して博士号を取得すると天津の日本人租界にあった日本共立病院の院長となった。一九〇四年、彪太は貴族院議員後藤新平男爵の長女静子（本名志づ）と結婚した。靜子は、新平が名古屋の愛知県立病院長時代に付き合った芸者との間に生まれた子どもで、新平の実子として入籍されたのは彪太と結婚した時だった。そのとき静子は既に臨月間近で碩は翌年一月誕生した。彪太の末弟は佐野学である。獄中転向して日本共産党を崩壊させた指導者として有名だが、左翼運動の指導者としての叔父の姿は、碩にとって導きの星でもあった。碩は正・反、双方の意味で叔父を強く意識しなければならなかった。

碩は幼年期、結核性の急性関節炎を患って歩行が不自由になり生涯杖を必要とした。足が不自由なために内向しがちな幼い碩を、静子は勇気づけ、逞しく成長するよう背中を押した。開放的な性格の靜子は、碩の幼い時期に自分の出生を打ち明けていたと考えられる。母は碩にとって歌舞伎や日本の伝統芸の良き教師でもあった。生涯碩は母思いで、死ぬまで静子の写真を側に置いていたという。静子は碩が一歳の年に女子を出産し翌日に亡くすという辛い経験をした。新平は傷心の静子を手厚く庇護するとともに、初孫の碩に深い愛情を注いだ。碩が自分によく似た独立心の強い凛とした性格だったためでもある。碩は新平によく懐いた。〈巨人〉後藤新平も幼い碩の眼には情愛の深い声の大きな東北訛りの爺さんだった。

因みに政治家鶴見祐輔を父として一九一八年に鶴見和子、二二年に鶴見俊輔という碩の二人のいとこが誕生した。和子と俊輔の母愛子も新平の娘である。人を血縁だけで判断するのは慎むべきだが、血縁が繋ぐ親密圏が思想や専門領域を超えて、知恵や感度や行動力に絶大な影響を及ぼすことは否定できない。（菅　孝行）

橘　善守（一九〇七—一九九七）

橘　善守（たちばな・よしもり）

福島出身。尾瀬の玄関口、会津駒ケ岳の檜枝岐村出身。猪苗代湖・須賀川に比較的近いことから、新平の須賀川時代の知り合いの子弟を預かったものと考えられる。

東京麻布の後藤邸で新平の晩年から子息一蔵の時代、約十年間、学僕として玄関番を務めながら、中学と大学を出て、毎日新聞の記者となる。

盧溝橋事件では、当時天津日本租界吾妻街にあった毎日新聞支局の支店長代理をしていた橘善守が、軍部の言論統制が激しい時代にも係わらず、日中両軍の衝突をいち早く報道するという大スクープをものにした。後にアジア局長。昭和二十九年には毎日新聞論説委員長。

著書には『赤い星は乱れ飛ぶ——中国共産党の全貌』（一九四九年、じーぷ社）『招かれて見た中共』（一九五六年、毎日新聞社）『現代教養全集　2　世界への目』（一九五八年、筑摩書房）『文化大革命の今後』（国民政治研究会、一九六七年）などが有り、その多くがスタンフォード大学の図書館の蔵書となっている。

一九五六年には、優れた国際報道活動によって、国際理解の促進に顕著な貢献のあった個人に贈られるボーン・上田記念国際記者賞を受賞。

一九七五年五月から一九九〇年五月までの二期、国家公安委員会委員を務める。

水沢の後藤新平記念館開館記念に発行された『後藤新平追想録』(昭和五十三年九月出版)に、橘善守氏は、晩年の後藤の邸での様子を記している。氏によると、震災内閣の内務大臣を最後に、政界を引退した後も、後藤の邸は「文字どおり千客万来、」の訪問者の絶えることもなく、多くの元首相、ジャーリスト、外国からの大使などが訪れていたという。また、政界への影響力も衰えることなく、新聞は政変の度に後藤を首相候補に挙げ、邸内には必ず新聞社のテント村が出来たという。

こうした後藤家での人の出入りを玄関番として観察することにより、人を見る目を養ったことが、後のジャーナリストとしての素養を培ったのであろう。橘は戦前戦後を通じて、中国畑の第一線で活躍した。

橘によれば、後藤の政界引退後の「政治の倫理化」を謳った全国遊説や、普通選挙実施前の「普選準備会」は、政界の浄化を目的とするものであり、「少年団日本連盟」の総裁としてボーイスカウト運動に尽力したのも、健全な次期世代を創るための政治教育であった。後藤は後藤家関係の子弟たちに橘を含む書生四・五人を交えて、「後藤健児団」と名付けた少年団を結成するほど、ボーイスカウト運動が青少年の健全化に果たす力に期待していた。

『毎日新聞』は、直木賞作家・杉森久英を起用して、その朝刊の連載小説として、後藤新平をモデルとした「大風呂敷」を、昭和三十九年八月から翌年九月まで掲載したが、橘はこの取材に協力した。

(河﨑充代)

竹内 好（一九一〇―一九七七）

竹内好（たけうち・よしみ）

長野出身。一九三一（昭和六）年東京帝大文学部支那文学科入学、在学中に武田泰淳らと「中国文学研究会」を結成。三七年から北京に留学。四三年陸軍に召集され、中国大陸で終戦を迎える。戦後、慶應義塾大学講師、東京都立大学人文学部教授。「六〇年安保闘争」の際、国会の強行採決に抗議して辞任。雑誌『中国』を主宰。著作に『魯迅』、『現代中国論』、『方法としてのアジア　わが戦前・戦中・戦後 1935-1976』、『竹内好全集』全一七巻、『竹内好セレクション』全二巻。

本書の人物編で登場する人物一〇〇人のうち、九八人は後藤新平と直接会ったことがある人物である。唯一の例外がここで取上げる中国文学者の竹内好である。その理由のひとつは、竹内が戦後日本における「後藤新平とはなにか」という問い、評価あるいは研究の出発点、里程標となっていると思われるからである。一九六五（昭和四十）年杉森久英「大風呂敷」が毎日新聞に連載され評判になった。竹内はこの機を捉え、戦前刊行された鶴見祐輔『後藤新平』全四巻の復刻を企画したのである（勁草書房『後藤新平月報』四号一九六七年七月、鶴見和子・鶴見俊輔の「お礼のことば」）。その背景には、「明治維新一〇〇年」の一九六八年が近くなって近代日本の再検討の気運がジャーナリズムや識者の間で高まったこともあった。もうひとつの理由は、竹内が「原理の一貫性　後藤新平にふれて」という一文を書いていることである（『後藤新平月報』第一号、一九六五年七月）。竹内は台湾・満鉄時代の後藤に専ら関心があるとして、「私が彼を買うのは、原理的な一貫性があるという点である」、「官僚制の強化とともに、彼のような魅力ある、輪郭の明瞭な人物が少なくなった」、「鼻メガネとボーイスカウトの制服は、私の子どものころにはある種の（というのは、遙かなという含意だが）自由のシンボルに近かった」という後藤評を書いている。こうしてみると、一九一〇年生まれの竹内は、後藤の少年団服姿を見たことがあるのだろうか。「原理のもう一つ」として竹内は後藤の「世界観、経綸」にも触れ、「これは深く思想にかかわる問題なので、折があったら私なりに究明したいと思っている」とも述べているが、残念ながら竹内の後藤論は目にしていない。ただ、竹内の主宰する雑誌『中国』に、後藤の手記「厳島夜話」を紹介している。さすが竹内の慧眼というべきだろう。「アジア主義の展望」の著者竹内好の後藤論を読みたかった人は少なくないと思う。

（春山明哲）

鶴見和子（一九一八―二〇〇六）

鶴見和子（つるみ・かずこ）

東京出身。社会学者。鶴見祐輔・愛子の長女。母方祖父に後藤新平。和子夫人没後すぐの誕生で「生れ替り」の意で和子名を授かる。弟に鶴見俊輔。一九三六（昭和十一）年、女子学習院を卒業し、津田英学塾に入学。翌年夏、初渡米で作家パール・バックと出会う。一九三九（昭和十四）年、ヴァッサー大学に入学。一九四二（昭和十七）年、第一次交換船で帰国。戦中は父の主宰する太平洋協会に所属。

一九四六（昭和二十一）年『思想の科学』創刊、同人となる（渡辺慧、武谷三男、都留重人、丸山眞男、武田清子、鶴見俊輔と共に）。一九五二（昭和二十七）年、生活綴方運動の指導者・国分一太郎と出会う。同年、「生活をつづる会」を作る。

一九五九（昭和三十四）年、ドーア教授の招きでブリティッシュ・コロンビア大学へ。二年後プリンストン大学大学院に進学。一九六四(昭和三十九)年、ブリティッシュ・コロンビア大学助教授に就任。

一九六六（昭和四十一）年に帰国。成蹊大学助教授、上智大学教授を歴任。一九七六（昭和五十一）年、不知火海総合学術調査団に参加し、石牟礼道子と出会う。

一九八五（昭和六十）年、中国の費孝通教授の誘いで江蘇省農村などの調査。

一九九五（平成七）年、脳出血で入院、左片麻痺に。その後、伊豆、京都の「ゆうゆうの里」に。この頃より藤原書店から著作集・対談集などを刊行する。学術の他、短歌、日本舞踊などをこなし、学・芸一致の独特な境地を生きた。

鶴見和子の中に、後藤新平は確《しか》と影を落としている。「祖父・後藤新平」の中で、満鉄総裁の意味を見据えつつ語る。

後藤新平の頭にあったのは、東西両大陸文明をつなぐという思想でした。その後藤新平の思想を、私は受け継ぎたいと思っています。それには日本・中国・ロシアの三つのつながりが大切だと後藤は考えた。（略）満鉄は地理的には、日本がロシアに接近していくのに有利であると。かつ、当時の弱体中国への米国の介入を警戒し、

そうしないうちに、日本とロシアが結ばれて、ロシアを通じてヨーロッパに結ぶことによって中国の防禦になると考えた。そのために鉄道は大事である。

と後藤は考えた、と説く。後藤は科学的行政とか都市計画とか諸々をなしたが、根本を貫いたものは、

やはりアジアの平和のため、というのが指標になったと思う。私は後藤新平さんから受け継いだのは、（略）中国への関心ですね。

鶴見は、熟年期に中国での社会学的調査に力を入れた。当時、中国調査が解禁され出したからである。なお、鶴見には、親族として後藤への微妙な反応もある。後藤はある種の反面教師でもあると言う。

後藤新平は確かに近代の国家主義というものを受け継いでいます。私は、単位としては（略）地域を考えます。（略）そうすると「自治」ですね。その自治の主体は住民です。住民の創意工夫です。

鶴見社会学では「内発的発展論」が中心概念である。その発想の原点には、後藤との知的格闘の中で把んだ何かが潜んでいよう。

（参考『鶴見和子曼荼羅』「華」の巻）　（能澤壽彦）

後藤新平　略年譜（1857–1929）

年号	齢	後藤関連主要事項	日本の動向
一八五七（安政4）	0	6・4（戸籍上は5日）、陸中国胆沢郡塩釜村（現在の岩手県奥州市水沢区）吉小路に生まれる。	5・26 下田条約（日米約定）を結ぶ。 12・14 江戸・大阪・兵庫・新潟の四港開港を米に約す。
一八六四（元治1）	7	3 武下節山の家塾に通い漢学を修める。	6・5 池田屋騒動。
一八六九（明治2）	12	9 立正館に通いながら、旧留守家家老職、吉田種穂の推薦により斎藤実らと共に安場大参事の学僕となり、三カ月後に岡田（阿川）に預けられる。	1 横井小楠、刺客に襲われ落命。 5・18 戊辰戦争終わる。 6・17 版籍奉還。 8・12 府藩県が設置され、胆沢県庁が水沢旧城内に置かれる。大参事安場保和（横井小楠門下四天王の一人）、史生岡田俊三郎（後の阿川光裕）らが赴任。
一八七一（明治4）	14	4・9 この日付で家郷の父から処世訓を寄せられる。	この年、安場保和、熊本県権小参事となる。年末には岩倉使節団に加わり、米欧回覧の旅に出る（翌年5月に単身帰国）。
一八七三（明治6）	16		安場保和、福島県立須賀川病院・医学所設置に力を致す。
一八七四（明治7）	17	2・2 県立須賀川病院付属須賀川医学校へ入学、生徒寮に入る。	1・17 板垣退助ら民選議院設立建白書を提出。

一八七六（明治9）	19	3・28 須賀川医学校内外舎長（月給八円）となる。 8・25 愛知県病院三等医として医局診察専務（月給一〇円）となる。	
一八七七（明治10）	20	7 大阪陸軍臨時病院（院長石黒忠悳）に赴き自費見学する。 9・3 西南戦争の負傷者を収容する大阪陸軍臨時病院の雇医（日給六〇銭）となる。	2・15〜9・24 西南戦争。
		9・15 医術開業免状を取得。	
一八八一（明治14）	24	1 愛知・岐阜・三重の三県「連合公立医学校設立の議」を国貞愛知県令に呈し長与専斎に評価される。 10・19 愛知医学校長兼病院長（月給七〇円）となる。	
一八八二（明治15）	25	4・7 招電により岐阜に急行、負傷した板垣退助を手当。 この年、海水浴についての意見書や資料をまとめた『海水功用論　付海浜療法』を出版。	4・6 自由党総理板垣退助が岐阜で襲われる。
一八八三（明治16）	26	1・6 内務省出向。 1・13 父実崇逝去。 9 安場保和の二女和子と結婚する。 10・4 衛生局内部改革の意見書を長与局長に提出する。	この年、北里柴三郎、内務省衛生局へ。
一八八九（明治22）	32	8・28『国家衛生原理』を発行（後藤の思想的根幹）。	2・11 大日本帝国憲法・衆議院議員選挙法・貴族院令公布。皇室典範制定。 12・24 内閣官制公布。第一次山県内閣成立。
一八九〇（明治23）	33	4・5 渡独。衛生制度学を中心に黴菌学、自治衛生、市町村の自治と衛生との関係などを学ぶ。特に黴菌学は北里柴三郎について学ぶ。	1・18 富山で米騒動（こののち各地で頻発）。 7・1 第一回総選挙。 10・9 帝国議会召集令公布。
一八九二（明治25）	35	11・17 内務省衛生局長となる。30 伝染病研究所（所長 北里柴三郎）建設始まる。	

年号	齢	後藤関連主要事項	日本の動向
一八九三（明治26）	36	7・17 錦織剛清、相馬家側を相手取り誠胤謀殺の訴を起こす。 9・23 長男一蔵生れる。 11・16 神田中猿楽町の街路で拘引され、17 鍛冶橋監獄署に収監される。	
一八九四（明治27）	37	5・3 相馬事件、東京地裁より無罪判決。25 保釈出獄。	8・1 清に宣戦布告。 10・22 日米通商航海条約調印。
一八九五（明治28）	38	2・24 解傭軍夫病院（会長近衛篤麿）理事となる。26 日清戦争からの帰還兵検疫に関して児玉源太郎、石黒忠悳と会見協議する。 4・1 臨時陸軍検疫部（部長児玉源太郎）事務官長に任ぜられ、高等官三等に叙せられる。9 広島に着任。 7・12 長女愛子生れる。	1・20 石黒忠悳、内務大臣に軍隊検疫を建言。 4・17 日清講和条約調印（下関条約）。 7・19 台湾領有権宣言。
一八九七（明治30）	40	7・15 労働者疾病保険の新営および救療病院その他社会施設を完成させる恤救事務局の設置を内務大臣に建議。	4・1 台湾銀行法公布。伝染病予防法公布。
一八九八（明治31）	41	3・2 台湾総督府民政局長となる。 4・28『台湾日日新報』を創始。 6・20 新官制により民政局長改め民政長官となる。 7 この月、台湾地籍・土地調査規則公布。	1・26 児玉源太郎、第四代台湾総督就任。 4 台湾協会設立。会頭桂太郎。
一八九九（明治32）	42	1・25 台湾銀行創立委員となる。この月、台湾協会台湾支部長となる。 3・30 台湾銀行定款認可。	5・23 安場保和、心臓病のため逝去。

一九〇〇（明治33）	43	8・15 桂陸相は児玉総督に宛て南中国に陸兵派遣の密令を発す。23 奉勅訓令あり、実行に着手。この日、厦門に急行。28 厦門進撃中止との廟議通告あり、派兵中止、児玉総督は辞意を固める。 12・8 設立間もない台湾協会学校で演説。	3・10 治安警察法公布。 9・14 津田梅子が女子英学塾を開校（のちの津田塾女子大学）。
一九〇一（明治34）	44	5・24 台湾総督府専売局官制が発布される。 6・1 台湾総督府専売局長となる。 10 台湾旧慣調査会規則発布、調査会会長になる。	岡松参太郎京都帝大教授、旧慣調査会第一部長となる。 新渡戸稲造、台湾総督府技師となる。
一九〇二（明治35）	45	6 新渡戸の意見に基づく台湾糖業奨励規則・施行細則を発布。糖務局を設置。13 横浜出帆、米国へ。 7・3 ニューヨーク着。以後、欧州各地を視察。	1・30 ロンドンで日英同盟協約に調印。
一九〇三（明治36）	46	6・17 樟脳専売法公布。母国民の経済的利益と台湾の財政的独立を促した。	
一九〇四（明治37）	47		2・10 宣戦布告、日露戦争勃発。
一九〇五（明治38）	48	9・4 奉天の満洲軍司令部で児玉源太郎と会談。この時日露講和後の「満洲経営策梗概」を児玉に示す。	9・5 日露講和条約に調印。
一九〇六（明治39）	49	11・13 満鉄総裁、兼台湾総督府顧問、兼関東都督府顧問となる。 12・8 阪谷蔵相と満鉄外債についての協定を結ぶ。満鉄の経営方針（満鉄10年計画）は後藤が計画し、具体的な仕事に関しては中村是公を満鉄副総裁として委任。	3・2 伊藤博文初代韓国統監着任。 11・26 南満洲鉄道株式会社を設立。
一九〇七（明治40）	50	9・27 厳島に参拝。28 来島した伊藤と激論を交し、新旧大陸対峙論を提唱、実行を迫る（「厳島夜話」）。 11・3 後藤肝いりの『満洲日日新聞』初号発刊。	7・28 日露通商航海条約・漁業条約に調印。30 第一回日露協約調印。

年号	齢	後藤関連主要事項	日本の動向
一九〇八（明治41）	51	5・3 ハルビン発、露都に向かう。18 露帝ニコライ二世に拝謁する。 7・14 第二次桂内閣が成立し、逓信大臣となる。 12・5 新鉄道院総裁を兼任する。	
一九〇九（明治42）	52	6か7 大倉喜八郎の向島別邸で伊藤博文と密談。 10・14 伊藤博文、後藤の論により露国宰相ココフツォフと会談のためハルビンへ。伊藤を大磯駅で見送る。	10・26 伊藤、暗殺される。 ［独］ハンザ同盟が創設される。
一九一〇（明治43）	53	9 鉄道院総裁として出雲大社訪問。	5・25 大逆事件の検挙始まる。 8・22 韓国併合につき日韓条約調印。
一九一一（明治44）	54	12 ヨゼフ・オルツェウスキー『官僚政治』翻訳刊行。 この年ごろ、新橋芸者の河崎きみと出会う。	1・18 大審院で大逆事件に判決を下す。
一九一二（明治45／大正1）	55	7・22 桂と共に露国首相ココフツォフを訪問し、重要会談。 28 帰国の途につく。 11 鶴見祐輔と愛子（後藤の長女）結婚。 12・21 第三次桂内閣が成立、再度、逓信大臣兼鉄道院総裁兼拓殖局総裁となる。 この年、フリードリッヒ・パウルゼン『政党と代議制』翻訳刊行。	2・12 ［中］宣統帝が退位して清朝滅亡。 7・30 明治天皇崩御。 9・13 明治天皇御大葬。
一九一三（大正2）	56	11・8 河崎きみとの間に三郎生まれる。	10・6 中華民国を承認。 10・10 桂太郎死去。
一九一六（大正5）	59	2『日本膨張論』を出版。 8 通俗大学講演会のために長野県地方を巡回。 10・9 寺内内閣成立、内務大臣兼鉄道院総裁。 11・21 大隈内閣の対中政策の打開策を図る覚書を起草。	

一九一七（大正6）	60	1 財団法人信濃通俗大学会設立。会長は新渡戸稲造。夏、「大正七年度財政計画ニ対スル私見」なる建策の文を首相に提出。後藤の財政計画意見の全貌を窺える。 8 信濃木崎夏期大学、開始。 10 内田嘉吉らが都市研究会を発足させ、その会長に就任。	
一九一八（大正7）	61	4・8 和子夫人永眠。 8・2 寺内内閣、シベリア出兵を決定、中外に宣言。	6・7 英仏伊、ロシアの領土保全・ロシア内政不干渉・与国派遣軍をできる限り西方への三条件で、シベリア出兵を日本に要請。 9・21 寺内内閣総辞職。
一九一九（大正8）	62	2・20 ハルビン日露協会学校創立委員長となる。この日、『自治生活の新精神』発行。24 拓殖大学第三代学長に就任。 3・4 欧米視察の途に。新渡戸随行。	8・12 斎藤實、朝鮮総督となる。
一九二〇（大正9）	63	5・25『大調査機関設置の議』を印刷発表。 9・24 日露協会、日露協会学校を設立。 12『自治生活の新精神』（内観社）を刊行。7 東京市会にて市長に選挙される。22 市会で後藤の推薦による永田秀次郎、池田宏、前田多門の三助役を決定。	4・5 ウラジオ、ニコリスク間鉄道を占領し、日露交戦状態に入る。
一九二一（大正10）	64	1・26 市長俸給全額を市に寄付する。 4・27「新事業及び其財政計画綱要」（いわゆる8億円計画）を市参事会に提出。	9・28 安田善次郎、朝日平吾に刺殺される。 11・4 原首相、東京駅頭で中岡良一に刺殺される。 12・13 ワシントン会議で日英米仏四国協約に調印（日英同盟廃棄）。

年号	齢	後藤関連主要事項	日本の動向
一九二二（大正11）	65	1・15 安田家より東京市政調査会設立費三五〇万円の寄付を申出る。2・24 財団法人東京市政調査会の設立認可される。3・20『江戸の自治制』を発行する。4・15 全国少年団総裁として、少年団と共に赤坂離宮に英皇太子ウェールズを奉迎。16 財団法人東京市政調査会会長となる。6・12 東京連合少年団団長となり、後、少年団日本連盟総裁となる。9・14 東京市政調査会顧問ビーアド博士来朝。	6・24 北樺太を除くシベリア派遣軍撤退を声明。10・1 東京自治会館、上野公園内にオープン。
一九二三（大正12）	66	1・16 モスクワ労農政府極東代表ヨッフェ招致。2・1 ヨッフェ来日、築地精養軒で後藤と長時間会談。26 母利恵没す。5・30 後藤の斡旋で日ソ漁業条約調印。9・2 山本内閣成り、内務大臣となる。復興費を三〇億円と見積もる。4 帝都復興の議を作成。6 閣議に提出。29 帝都復興院総裁を兼任。10・6 ビーアド博士再来日。	9・1 関東大震災起こる（死者九万一三四四人、全壊焼失四六万四九〇九戸）。16 憲兵大尉甘粕正彦が大杉栄・伊藤野枝らを殺害。12・27 虎ノ門事件起こる。29 山本内閣が虎ノ門事件で引責総辞職。
一九二四（大正13）	67	3・5 東北帝大で「国難来」と題し講演。9・4 上野自治会館における震災復興記念講演会で「自治精神」と題して講演。15 駐日仏大使ポール・クローデルと自邸で会談。10・16 社団法人東京放送局初代総裁となる。	4・15［米］新移民法を可決（排日条項を含む）。

一九二五（大正14）	68	3・19 姉初勢没す。22 東京放送局仮放送に際し挨拶を放送する。26 東京発、満鮮の旅に。 4・2 奉天に到着、張作霖と会見。 7・12 芝愛宕山新築放送局で本放送を開始、挨拶を放送。 『自治三訣 処世の心得』安国協会出版。	1・20 日ソ基本条約に調印（国交回復）。 5・5 衆議院議員選挙法改正公布（男子普通選挙）。
一九二六（大正15／昭和1）	69	2・11 第一回目の脳溢血。 4・1 政治の倫理化運動を開始し、20 青山会館において第一声。以来、全国を遊説、翌年2月に至る。 9・20 小冊子『政治の倫理化』を百万部発行。 10 日独協会を再生し会頭に。 11・30 政友会と政友本党の提携斡旋。	12・25 大正天皇崩御、摂政裕仁親王が践祚。
一九二七（昭和2）	70	8・4 第二回目の脳溢血に襲われる。 12・5 ロシア訪問の途に上る。随行者は田中清次郎、八杉貞利、前田多門、森孝三、関根斎一、引地興五郎、佐藤信。	
一九二八（昭和3）	71	1・7 党書記長スターリンと会談。21 漁業条約調印決定の電報に接する。 8・7 床次竹二郎と会見する（新党樹立の風説飛ぶ）。 11・10 京都で天皇即位式参列。伯爵となる。 12・5 帝国ホテルで独大使ゾルフの送別会があり出席。	6・4 関東軍河本参謀ら列車爆破により奉天引揚げ途上の張作霖を爆殺。
一九二九（昭和4）	72	4・3 夜、日本性病予防協会講演のため岡山に向けて東京駅発西下。4 米原付近の列車中で三回目の脳溢血発病、京都に下車して府立病院に入る。13 午前五時三〇分、死去。享年72。	

編集後記

後藤新平研究会代表　藤原良雄

〝近代日本のインフラの父〟ともいうべき後藤新平が亡くなってもうすぐ九十年になる。わが研究会も十五年になる。この間、毎月後藤新平の研究会をやりながら、『〈決定版〉正伝　後藤新平』（全8分冊・別巻一）をはじめ、『シリーズ後藤新平とは何か――自治・公共・共生・平和』（全4巻）や後藤新平に関する多くの書籍を刊行してきた。

今、なぜ後藤新平か。二〇一一年の東日本大震災が起きた時には、色んな紙誌が、〝平成の後藤新平出でよ〟と書いた。それは、恐らく関東大震災で首都東京が壊滅状態になった時、内務大臣後藤新平の指揮下、わずか一二〇日足らずで、将来のビジョンを国民に提出し、わが日本の二十世紀最大の危機を救ったからである。

しかし、東日本大震災後には、後藤新平のような人物は一人も現れず、しかも、未曾有の原発事故も併発し、関東大震災とは違う事件の様相を呈し、今日に至っている。この放射能被ばくは、真相究明の端緒にもついていない状態にある。後世に禍根を残す大事件であることだけは間違いない。それだけに、後藤新平のような人材が現れるのを国民が渇望しているのだろう。

後藤新平は、つねに「一に人、二に人、三に人」と言ったという。人が社会を作る、人が国を担うのであって、決して金《カネ》が社会や国を作るのではないと。人をどのようにして作るのか、育てるのか、これが後藤の終生の目標であった。最晩年、今の厚木基地のところに、アジアから教師や学生を呼び、西洋中心ではないアジアの大学を作る構想をもち、自己の全財産や心ある方々の寄附も受け、土地も手に入れていたといわれる。さあ、これからいよいよ実現しようとする時に、後藤新平は斃《たお》れたのである。

今、われわれは一人一人「自治的自覚」をもって生きているだろうか。自治なくして、独立なし。今も、否、今だからこそ、後藤新平の「自治三訣」は、われわれが生きてゆく上での至上の言葉ではあるまいか。

自治三訣

一、人のお世話にならぬよう
一、人のお世話をするよう
一、そして酬《むく》いをもとめぬよう

＊　＊　＊

本書を作る上で、本研究会（代表＝藤原書店社主・後藤新平の会事務局長　藤原良雄）メンバー（市川元夫、河﨑充代、鈴木一策、西宮紘、春山明哲）以外の多くの方にもご協力いただいた。青山佾、上品和馬、小野泰、菅孝行、草原克豪、サーラ・スヴェン、塩崎信彦、中島純、新田純子、橋本五郎、モロジャコフ・ワシーリー各氏に感謝したい。また、後藤新平記念館館長・髙橋力氏、熊本近代文学館館長・井上智重氏、公益財団法人後藤・安田記念東京都市研究所にお世話になった。ここに記して御礼を申し上げる。

第Ⅰ部の構成は、一四頁に記したとおりである。第Ⅱ部は、後藤新平と関わりのあった人物のなかから、とくに重要かつ興味深い人物一〇〇人を選んだ。人物の選定にあたっては、おもに『正伝　後藤新平』に登場する人物を中心に選んだが、『正伝』に言及がなくとも後藤と何らかの関係を有していた重要人物も取り上げた。文章作成にあたって依拠した文献、使用した写真の出典は次項に記載の通りである。

参考文献（出版年順）

『熊本県人物誌』荒木精之、日本談義社、一九五九年
『議会制度七〇年史　貴族院・参議院議員名鑑』衆議院、参議院編集、大蔵省印刷局、一九六一年
『議会制度七〇年史　衆議院議員名鑑』衆議院、参議院編集、大蔵省印刷局、一九六二年
『日本近代文学大事典』講談社、一九七七年
『国史大辞典』吉川弘文館、一九七九―一九九七年
『岩波西洋人名辞典』岩波書店、一九八一年
『大正人名辞典』日本図書センター、一九八九年
『現代日本　朝日人物辞典』朝日新聞社編、一九九〇年
『新潮日本人名辞典』新潮社、一九九一年
『平凡社大百科事典』一九九五年
『日本人名大辞典』講談社、二〇〇一年
『日本近現代人名辞典』吉川弘文館、二〇〇一年
『二〇世紀日本人名事典』日外アソシエーツ、二〇〇四年
『日本陸海軍総合事典』（第二版）秦郁彦編、東京大学出版会、二〇〇五年
『日本近現代人物履歴事典』（第二版）秦郁彦編、東京大学出版会、二〇一三年
国立国会図書館ウェブサイト「憲政資料」
国立国会図書館ウェブサイト「近代日本人の肖像」
日比谷図書文化館　内田嘉吉文庫
後藤新平『政治の倫理化』大日本雄弁会講談社、一九二六年
後藤新平『政治倫理化運動の一周年』政教社、一九二七年
『吾等の知れる後藤新平伯』三井邦太郎編、東洋協会、一九二九年
『帝都復興秘録』東京市政調査会編、宝文館、一九三〇年
駄場裕司『後藤新平をめぐる権力構造の研究』南窓社、二〇〇七年
越澤明『後藤新平――大震災と帝都復興』ちくま新書、二〇一一年
小泉政以著『盗泉詩稿』本荘堅宏、一九一四年
下村宏『南船北馬』四条書房、一九三二年
金杉英五郎『極到餘音』西山信光編、金杉博士彰功会、一九三五年
『辜顕栄翁伝』辜顕栄翁伝記編纂会著刊、一九三九年
太田孝太郎「小泉盗泉」『雑文クラブ』第四巻第二号別冊、一九五二年
『佐野利器』佐野博士追想録編集委員会編刊、一九五七年
『渋沢栄一伝記資料』第三〇巻、渋沢青淵記念財団竜門社編纂、渋沢栄一伝記資料刊行会、一九六〇年

五井直弘『近代日本と東洋史学』青木書店、一九七六年
二反長半『戦争と日本阿片史――阿片王二反長音蔵の生涯』すばる書房、一九七七年
『市政奉仕七〇年　田辺先生の語る』東京市政調査会内田辺さん九十寿記念刊行会、一九七八年
星新一『人民は弱し官吏は強し』新潮文庫、一九七八年
加澄川幸太郎『名将　児玉源太郎』日本工業新聞社、一九八二年
『竹内好全集』第一七巻、筑摩書房、一九八二年
原覚天『アジア研究と学者たち――覚天交遊録』勁草書房、一九八五年
上村希美雄『宮崎兄弟伝　アジア篇（上）』葦書房、一九八七年
『漱石全集』第一二巻、岩波書店、一九九四年
上島敏昭「明道会と岸一太」『異端の教団』洋泉社、一九九五年
大塚健洋『大川周明――ある復古革新主義者の思想』中公新書、一九九五年
青柳達雄『満鉄総裁　中村是公と漱石』勉誠社、一九九六年
『堤康次郎』株式会社エスピーエイチ、一九九六年
飯野官吉『隠田の神様――飯野吉三郎の風影』文藝書房、一九九七年
多田茂治『夢野一族――杉山家三代の軌跡』三一書房、一九九七年
『鶴見和子曼荼羅　IX環の巻』藤原書店、一九九七〜一九九九年
高橋正則『回想の亀井貫一郎』財団法人　産業経済研究協会、二〇〇〇年
矢崎秀彦『寒水　伊藤長七伝』鳥影社、二〇〇二年
鶴見俊輔『評伝　高野長英1804-50』藤原書店、二〇〇七年
春山明哲『近代日本と台湾――霧社事件・植民地統治政策の研究』藤原書店、二〇〇八年

写真提供

惟神会本部提供（岸一太）
伊東市立木下杢太郎記念館蔵（太田圓三）
伊藤博子氏（伊藤長七）
奥州市立後藤新平記念館（阿川光裕　児玉源太郎　ヨッフェ　下村当吉書簡　カバー写真　一四―一五頁、六九頁、七〇―七一頁の各写真）
株式会社　後藤回漕店（後藤勝造）
渋沢史料館所蔵（岩原謙三）
公益財団法人　都市計画協会（山田博愛）
国立国会図書館「近代日本人の肖像」ウェブサイト（井上馨　板垣退助　山県有朋　伊藤博文　山本権兵衛　北里柴三郎　原敬　伊東巳代治　新渡戸稲造　阪谷芳郎　徳富蘇峰

藤原銀次郎　下村宏　大谷光瑞　池田宏　大川周明）
財団法人　近藤記念海事財団（近藤廉平）
鈴木商店記念館（金子直吉）
東京慈恵会医科大学耳鼻咽喉科科学室（金杉英五郎）
藤田富士男氏（『ビバ！　エル・テアトロ！――炎の演出家・佐野碩の生涯』オリジン出版センター、一九八九年より佐野碩）
毎日新聞社提供（橘善守）
明治宰相列伝ウェブサイト http://www.archives.go.jp/exhibition/digital/2007_01/taro_katsura/（桂太郎）

写真出典

『青淵渋沢先生七十寿祝賀会記念帖』青淵先生七十寿祝賀会、一九一一年（星野錫）
小泉盗泉『盗泉詩稿』本庄堅宏、一九一四年（小泉盗泉）
矢野文雄『安田善次郎伝』安田保善社、一九二五年（安田善次郎）
『横井時雄文集』第一巻（約翰伝集註）アルパ社書店、一九二八年（横井時雄）
石井満『長尾半平伝』教文館、一九三七年（長尾半平）
『内田嘉吉文庫稀覯書集覧』故内田嘉吉氏記念事業会、一九三七年（内田嘉吉）
『辜顕栄翁伝』辜顕栄翁伝記編纂会著刊、一九三九年六月（辜顕栄）
村上武『二二人の政治家』内政図書出版、一九五六年（椎名悦三郎）
五十公野清一『正力松太郎』鶴書房、一九六六年（正力松太郎）
吉川幸次郎編『東洋学の創始者たち』講談社、一九七六年（白鳥庫吉）
二反長半『戦争と日本阿片史――阿片王二反長音蔵の生涯』すばる書房、一九七七年（二反長音蔵）
伊藤隆『近衛新体制』中公新書、一九八三年（亀井貫一郎）
山下勉『樵石先生小伝』芦北ふるさと会、一九八〇年（土肥樵石）
由井常彦編『堤康次郎』リブロポート、一九九六年（堤康次郎）
佐藤澄夫『評伝　田邊定義』時事通信社出版局、二〇〇五年（田辺定義）
小池滋編『日本の鉄道をつくった人たち』悠書館、二〇一〇年（島安次郎）

――ほか多数の資料を利用させていただきました。記して謝意を表します。（編集部）

50音順人名目次

あ行

阿川光裕　98
浅野総一郎　106
飯野吉三郎　182
池田 宏　228
石黒忠悳　100
板垣退助　82
伊藤長七　218
伊藤博文　96
伊東巳代治　132
井上 馨　80
岩永裕吉　230
岩原謙三　146
内田嘉吉　180
大川周明　244
大倉喜八郎　84
大杉 栄　240
太田圓三　226
大谷光瑞　216
岡松参太郎　198
尾崎行雄　140

か行

勝 海舟　74
桂 太郎　104
金杉英五郎　154
金子直吉　170
亀井貫一郎　252
カラハン　248
河﨑きみ　254
岸 一太　208
北里柴三郎　116
辜顕栄　168
小泉盗泉　164
ココフツォフ　118
児玉源太郎　112
後藤勝造　102
後藤和子　166
近藤廉平　110

さ行

斎藤 實　138
阪谷芳郎　148
佐野 碩　264
佐野利器　224
沢柳政太郎　158
椎名悦三郎　258
渋沢栄一　92
島安次郎　196
下田歌子　120
下村当吉　126
下村 宏　210
正力松太郎　242
昭和天皇　262
白鳥庫吉　156
杉山茂丸　152
スターリン　220
十河信二　234
ゾルフ　144
孫文　178

た行

高木友枝　136
高野長英　72
竹内 好　268
橘 善守　266
田辺定義　246
堤康次郎　250
鶴見和子　270
鶴見祐輔　238
田 健治郎　124
徳富蘇峰　150
土肥樵石　94

な行

内藤湖南　176
長尾半平　162
仲小路 廉　174
永田秀次郎　214
中村是公　184
長与専斎　88
ニコライ二世　188
二反長音蔵　212
新渡戸稲造　142

は行

原 敬　128
バルトン　130
ビーアド　204
福沢諭吉　76
藤原銀次郎　190
星 一　202
星野 錫　122
本多静六　172

ま行

前田多門　236
益田 孝　108
松木幹一郎　200
三島通陽　256
水野錬太郎　186
宮本百合子　260
モット　160
森 孝三　206

や行

安田善次郎　90
安場保和　78
山県有朋　86
山崎亀吉　192
山田博愛　222
山本権兵衛　114
山本悌二郎　194
横井時雄　134
ヨッフェ　232

一《いち》に人《ひと》 二《に》に人《ひと》 三《さん》に人《ひと》——近代《きんだい》日本《にほん》と「後藤新平山脈《ごとうしんぺいさんみゃく》」100人《にん》

2015年7月30日　初版第1刷発行 ©

編　者　後藤新平研究会

発行者　藤　原　良　雄

発行所　株式会社　藤　原　書　店

〒162-0041　東京都新宿区早稲田鶴巻町523
電　話　03（5272）0301
ＦＡＸ　03（5272）0450
振　替　00160-4-17013
info@fujiwara-shoten.co.jp

印刷・製本　中央精版印刷

落丁本・乱丁本はお取替えいたします
定価はカバーに表示してあります

Printed in Japan
ISBN978-4-86578-036-9